회사에서 바로 쓰는
AI 치트키

회사에서 바로 쓰는 AI 치트키

이혜정·윤재현·엄혜경 지음

A 애드앤미디어

CONTENTS

1장 프레젠테이션 - AI로 생산성과 창의성을 높인다!

2장 보고서 - AI로 효율성과 정확성을 극대화한다!

3장 엑셀 – AI로 편리성과 확장성을 누린다!

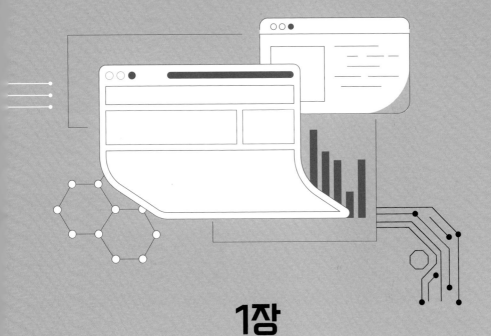

1장

프레젠테이션

AI로 생산성과
창의성을 높인다!

 **서문**

프레젠테이션 발표 전날, 아침 회의를 앞두고 밤새 슬라이드를 고치느라 분초를 다투며 발을 동동 구르셨던 경험, 한 번쯤 있으실 거예요. 발표 자료부터, 디자인까지 한 개인이 하기에 쉽지 않은 일들을 우리는 모든 것을 갈아 넣어 만들어왔습니다.

이 책은 그런 당신에게 AI라는 새로운 파트너를 소개합니다. AI는 정리의 달인처럼 복잡한 내용을 명쾌하게 정리하고, 숨겨진 디자이너처럼 세련된 슬라이드를 만들어내며, 노련한 기획자처럼 탄탄한 스토리 구조까지 제안하는 '생산성과 창의성의 든든한 동반자'가 되어줍니다.

자료 수집부터 콘텐츠 구성, 프레젠테이션 제작까지 이제 AI와 함께 일하는 시대가 열렸습니다. 이 책에서는 Perplexity, ChatGPT, Felo, 미리캔버스 등 실무에서 즉시 활용 가능한 AI 도구들을 소개하고, 각 기능이 실제 업무에서 어떻게 가치를 만들어내는지 생생한 사례와 함께 안내합니다.

이제 일하는 방식도 달라져야 합니다. 다음 프로젝트는 AI와 함께해보세요. 이 책이 실질적인 도움을 드릴 수 있을 것입니다.

프레젠테이션 제작에 필요한 단계별 AI

많은 사람이 프레젠테이션을 만들면서 '이왕이면 간편하면서도 세련된 디자인으로 만들고 싶은데, 어떤 도구를 사용해야 할까?'라는 고민을 합니다. 다행히도, AI 기술의 발전 덕분에 이제 전문가 수준의 프레젠테이션도 손쉽게 제작할 수 있습니다. 하지만 선택지가 너무 많아 어떤 도구를 먼저 활용해야 할지 고민되는 것이 문제입니다.

이 책에서는 필자가 실제로 사용해본 도구들 중에서 특히 추천할 만한 AI 툴을 소개합니다. 이 도구들은 보고서, 학교 과제, 비즈니스용 프레젠테이션 등 다양한 목적에 활용할 수 있으며, 단순한 작업부터 고급 기능까지 모두 쉽게 해결할 수 있도록 도와줍니다.

프레젠테이션 제작은 보통 다음과 같은 단계로 이루어집니다. 각 단계에서 AI를 어떻게 활용할 수 있는지 함께 살펴보겠습니다.

프레젠테이션 작업 흐름

1단계: 자료 조사 - 철저한 준비

프레젠테이션 제작의 시작은 자료 조사입니다. 발표나 문서의 완성도를 높이려면 주제와 관련된 정보를 충분히 수집하는 과정이 필수적입니다. 하지만 많은 사람이 경험했듯이 이 과정이 가장 많은 시간과 노력이 필요한 단계이기도 합니다.

이때 AI를 활용하면 훨씬 효율적으로 자료를 조사하고 정리할 수 있습니다. 아래 2가지 AI 도구는 신뢰할 수 있는 정보를 빠르게 찾고, 발표 자료의 완성도를 높이는 데 큰 도움을 줄 것입니다.

1. Perplexity(퍼플렉시티)

복잡한 정보를 깔끔하게 요약하고, 신뢰할 수 있는 출처를 제시해주는 도구입니다. 키워드만 입력하면 방대한 자료 속에서 핵심을 뽑아줘 자료 수집 시간을 대폭 줄일 수 있습니다. 발표 주제에 대한 기초 지식을 빠르게 정리하거나, 보고서 작성을 위한 자료 근거를 탐색할 때 좋은 서비스입니다.

2. GenSpark(젠스파크)

단순히 정보를 찾아주는 것이 아닌, 아이디어를 구조화하고 트렌드 데이터와 통계까지 제시해주는 강력한 도구입니다. 발표 초안 구상이나 보고서의 흐름을 설계하기에도 정말 탁월한 도구입니다. 트렌드 리포트 작성이나 과제에서 복잡한 데이터를 정리할 때 활용하면 좋습니다.

2단계: 내용 구성 - 메시지 명확화

자료 조사가 끝났다면 이제 본격적으로 내용을 체계적으로 구성할 차례입니다. 이 단계에서는 단순히 정보를 나열하는 것이 아니라, 핵심 메시지를 명확하게 전달하고 설득력을 높이는 데 초점을 맞춰야 합니다. 논리적인 흐름과 간결한 문장은 성공적인 프레젠테이션 제작의 핵심 요소라고 할 수 있습니다.

이때 AI 도구를 활용하면 내용을 보다 효과적으로 정리하고, 전달력을 극대화할 수 있습니다. 특히 ChatGPT와 Claude는 발표 자료를 체계적으로 구성하고 핵심 메시지를 정리하는 데 유용한 도구입니다.

1. ChatGPT(챗지피티)

프레젠테이션 내용을 단순히 정리하는 것을 넘어, 콘텐츠의 구조를 잡아주고, 텍스트를 요약하며, 설득력 있는 문장을 생성하는 강력한 도구입니다. 사용자가 원하는 방식으로 내용을 구성할 수 있도록 도와주며, 발표 스크립트나 보고서 문단 작성에도 활용할 수 있습니다. 예를 들어, "환경 보호 발표 보고서의 슬라이드를 구성해주세요"처럼 구체적인 요청을 하면 AI가 적절한 슬라이드 구성과 핵심 메시지를 정리해줍니다.

2. Claude(클로드)

특히 긴 텍스트를 다루거나 방대한 자료를 요약해야 할 때 유용합니다. 정보의 핵심을 빠르게 파악하고 간결한 요약문을 생성하는 능력이 뛰어나며, 발표 원고나 보고서를 체계적으로 구성하는 데 효과적입니다. 많은 텍스트를 정리해야 한다면 Claude를 활용하는 것이 좋습니다.

이제 AI 도구를 활용해 논리적이고 설득력 있는 프레젠테이션 내용을 구성하는 방법을 익혀 보겠습니다. 단순한 정보 전달을 넘어, 보다 효과적인 발표를 위한 전략을 함께 살펴보도록 하겠습니다.

3단계: 디자인 작업 – 시각적 완성

아무리 내용이 뛰어나도 시각적인 매력이 부족하면 청중의 관심을 끌기 어렵습니다. 프레젠테이션에서는 정보 전달뿐만 아니라 디자인도 중요한 요소이기 때문입니다. 하지만 꼭 디자인 전문가가 될 필요는 없습니다. AI를 활용하면 누구나 세련되고 완성도 높은 프레젠테이션을 만들 수 있기 때문입니다.

다음은 디자인 작업에 꼭 필요한 AI 도구들입니다. 이 도구들을 활용하면 시간을 절약하면서도 시각적으로 매력적인 프레젠테이션을 만들 수 있습니다.

1. Gamma(감마)

카드 기반의 현대적이고 간결한 프레젠테이션 도구로, 정형화된 슬라이드를 벗어난 스타일을 제공합니다. 특히 보고서와 같은 요약자료 제작에 적합합니다. 가벼운 과제나 빠르게 보여줄 내용을 정리할 때 유용합니다.

2. 미리캔버스(miricanvas)

텍스트만 입력해도 깔끔하게 구성된 슬라이드를 자동으로 만들어주는 도구입니다. 최적화된 템플릿과 아름다운 시각적 요소로 시간은 절약하고 프레젠테이션을 자동으로 생성해주는 대표적인 도구입니다. 텍스트만 입력해도 일관성 있게 디자인된 슬라이드를 완성할 수 있어요. 회사 보고서부터 학교 과제까지, 다양한 자료에 세련된 디자인을 입히고 싶을 때 사용하세요.

3. Felo(펠로)

일본 스타트업 Felo Inc에서 개발한 혁신적인 AI 기반 검색 엔진으로, 실시간 정보 검색, 시각화 작업, 자동화된 보고서 생성 등을 지원하는 통합 검색 서비스입니다. AI가 슬라이드를 자동 구성하고, 주제에 맞는 핵심 콘텐츠를 정리하며 디자인까지 완성해 문서 작업의 효율을 높여줍니다.

4. 망고보드(Mangoboard)

프레젠테이션, 카드뉴스, 포스터 등 다양한 시각 자료를 쉽게 제작할 수 있는 온라인 콘텐츠 제작 플랫폼입니다. 디자인 경험이 없어도 직관적인 인터페이스와 템플릿 덕분에 전문가 수준의 결과물을 만들 수 있으며, 최근에는 AI 기능이 추가되어 제작 효율성이 더욱 향상되었습니다. 특히 사진 편집 AI, 이미지 생성 AI, AI 디자이너, 이 3가지 AI 기능을 제공하며, 이를 통해 사진 보정부터 이미지 생성, 자동 홍보물 제작까지 한 번에 처리할 수 있는 스마트 디자인 도구로 진화하고 있습니다.

5. Napkin(냅킨)

복잡한 개념이나 상상 속 자료를 시각적으로 풀어내고 싶나요? Napkin은 텍스트만 입력하면 직관적인 이미지를 생성해줍니다. 비즈니스 프레젠테이션과 보고서에서 빛을 발하는 도구입니다. 보고서의 핵심 아이디어를 시각적으로 표현하거나, 교육 자료 제작에 이상적입니다. 생성된 이미지를 PDF나 SVG 형식으로 손쉽게 다운로드해서 활용할 수 있습니다.

6. Recraft(리크래프트)

고품질 이미지를 빠르게 생성할 수 있는 최신 AI 도구입니다. 텍스트를 기반으로 한 이미지 생성뿐만 아니라, AI 편집 도구를 통해 텍스트 위치 및 크기 조정, 맞춤형 스타일 적용, 이미지 배경 편집 등의 종합적인 기능을 제공합니다.

4단계: 최종 점검 – 디테일의 완성

AI 도구를 활용해 만든 프레젠테이션은 빠르고 편리해서 감탄스러울 정도입니다. 하지만 마지막 점검과 다듬기는 여전히 우리의 몫입니다. 아무리 기술이 발전해도, 논리적인 흐름과 메시지의 명확성은 결국 발표자의 책임이기 때문입니다. 최종 점검을 셰프의 마지막 맛 조절 과정이라고 생각하면 이해하기 쉽습니다. 이미 완성도 높은 요리가 준비되었지만, 미세한 간을 맞추는 것은 요리사의 역할이듯, 프레젠테이션이라는 결과물의 세부 디테일을 다듬는 과정은 반드시 직접 진행해야 합니다. 작은 부분 하나가 보고서나 과제의 전문성을 결정하고, 발표 자료에서는 메시지 전달력 자체가 성공과 실패를 가르는 요소가 될 수 있습니다.

1. 흐름 점검: 논리와 목적 확인

결과물을 살펴보며 스스로 자문해보세요.

'이 슬라이드가 내가 말하려는 핵심 의도를 잘 담고 있는가?'
'내용의 흐름이 자연스럽고 논리적인가?'

만약 중간에 어색한 전환이나, 부자연스럽게 삽입된 내용, 애매한 문장이 있다면, AI가 만들어준 초안을 기반으로 직접 수정하는 과정이 필요합니다. AI는 초안을 빠르게 작성해주지만, 발표 목적에 맞춘 세밀한 조정은 결국 발표자가 해야 완벽한 자료가 완성됩니다.

2. 메시지 점검: 명확성과 설득력 높이기

발표의 핵심은 메시지 전달입니다. 한 번 더 점검해보세요.

'이 슬라이드에서 청중이 어떤 메시지를 받아가게 될까?'
'내가 전달하고자 하는 주제와 연결되어 있는가?'

핵심 메시지가 충분히 강조되지 않았다면 중요한 키워드를 추가하거나, 불필요한 요소를 정리해서 내용을 보다 간결하게 만들 필요가 있습니다.

3. 스크립트 준비: 발표 대본도 AI와 함께

프레젠테이션 자료가 완성되었다면, 이제 발표를 준비할 차례입니다.

완성된 자료를 PDF로 만들어 ChatGPT나 Claude에 업로드해서 발표 스크립트 작성을 요청해보세요. AI는 논리적이고 유려한 발표 대본을 생성해줄 뿐만 아니라, 강조해야 할 핵심 포인트까지 포함하도록 맞춤 요청할 수도 있습니다. 완성된 작품의 차이는 디테일에서 생겨납니다. 마지막까지 흐름을 점검하고 메시지를 다듬으며, AI가 제공한 초안을 자신만의 스타일로 완성하는 것이야말로 가장 효과적으로 발표 자료를 준비하는 방법입니다. 성공적인 결과물을 위해, 이 과정을 꼭 놓치지 마세요!

엄쌤의 tip

한눈에 보는 AI 도구 활용법
자료 조사: Perplexity, GenSpark
내용 구성: ChatGPT, Claude
디자인 작업: Gamma, 미리캔버스, Felo, 망고보드, Napkin, Recraft

* 위 AI 서비스는 무료 계정만으로도 기본 기능을 사용할 수 있습니다. 따라서 처음부터 유료로 가입하기보다는, 무료로 체험해본 뒤 필요한 기능이 있다면 유료 업그레이드를 고려하는 것이 좋습니다.

정보 수집을 위한
똑똑한 프롬프트 사용법

정보 수집은 모든 작업의 시작점이자 기초를 다지는 중요한 단계입니다. 최근에는 Perplexity와 Goover 같은 도구들이 등장해, 정보를 빠르게 조사하고 필요한 자료를 체계적으로 정리할 수 있도록 도와주고 있습니다. Perplexity는 신뢰할 수 있는 출처와 함께 명확한 요약 정보를 제공하며, Goover는 맞춤형 콘텐츠 구성과 시각적인 정보 정리를 통해 복잡한 내용도 쉽게 이해할 수 있도록 지원합니다. 이러한 AI 도구들은 정보 수집 방식을 혁신적으로 바꾸며, 작업의 효율성을 크게 높여주고 있습니다.

효율적으로 정보를 수집하려면 어떻게 질문하느냐가 핵심입니다. 프롬프트는 AI에게 요청을 전달하는 역할을 하므로, 목적과 의도를 명확히 표현할수록 더 유용하고 기대에 부합하는 답변을 받을 수 있습니다.
예를 들어, 단순히 "환경 보호에 대한 정보를 알려줘"라고 요청하는 것보다, 다음과 같이 구체적인 요구사항을 포함하면 훨씬 더 정확하고 깊이 있는 정보를 얻을 수 있습니다.

"최근 5년간 주요 국가에서 시행된 환경 보호 정책을 사례별로 정리해줘."
"탄소 배출 저감을 위한 효과적인 전략을 연구 사례와 함께 설명해줘."
이처럼 "무엇을 요청하고 싶은가?", "어떤 형태의 결과를 원하는가?" 같은 질문을 스스로 던지며 프롬프트를 구성하면 AI와의 소통이 더욱 원활해집니다.
이제 몇 가지 실제 예시를 살펴보며, 더 효과적인 프롬프트 작성 방법을 알아보
겠습니다!

AI 프롬프트예시

지난 10년간 K-콘텐츠가 세계 시장에서 어떤 성과를 냈는지, 장르별 변화와 대표 사
례 중심으로 정리해줘.

명확한 목표 설정

먼저, 어떤 정보를 얻고 싶은지 명확하게 정의하는 것이 중요합니다. 막연하게
"(   )을 찾아줘"라고 요청하면, AI가 원하는 답을 제대로 제공하지 못할 가능성
이 높습니다. 대신, 정확한 질문 형태로 요청하면 AI가 좀 더 효과적으로 작동할
수 있습니다. 핵심은 구체적으로 지칭하는 것입니다. 원하는 정보의 범위, 맥락,
형식을 명확히 제시할수록 AI가 보다 정교한 답변을 제공할 수 있습니다.

AI 프롬프트 예시

K-POP이 최근 몇 년간 성장한 주요 요인 중 글로벌 확산 배경과 산업 구조 중심으로
정리해줘.

2024년 친환경 에너지 시장의 주요 동향을 기술 변화와 정책 흐름 위주로 조사해줘.

필요한 정보의 유형 구체화
어떤 '종류'의 정보를 원하는지 더 자세히 요청해보세요.

숫자 데이터: 통계, 시장 크기, 수치 기반 자료
동향 및 트렌드: 현재 상황과 앞으로의 전망
사례 연구: 성공 사례나 실패 사례

배경 정보: 역사적 맥락이나 개념 설명

AI 프롬프트 예시

K-POP의 주요 수출국과 2023년까지의 산업 성장 관련 통계를 국가별 수출 규모, 매출 추이, 시장 비중 같은 수치 중심으로 정리해줘.

타깃 자료 출처 명시

신뢰성 있는 정보를 얻으려면 출처도 중요합니다. '어디서 이런 자료를 가져와야 하는지'를 AI에게 알려주세요.

AI 프롬프트 예시

정부 보고서, 학술 논문, 주요 언론 보도, 신뢰할 수 있는 업계 자료 등 공신력 있는 출처를 기준으로 정보를 찾아줘.

시간적 범위 설정

자료의 시간 범위도 구체적으로 정해주세요. '시간'을 한정하면 AI가 최신 데이터를 탐색할 수 있습니다.

AI 프롬프트 예시

최근 3년간의 K-드라마 해외 인기 요인을 분석해줘.

예상 결과물 형태 제시

나중에 출력되었을 때 보고 싶은 자료 형태를 구체적으로 요청하면 작업이 더 깔끔해져요! 텍스트로 간단히 보고 싶은지, 그래프나 요약본을 원하는지도 미리 말해주세요.

간략한 요약과 주요 그래프로 제공해줘.

* AI가 요구 사항을 쉽게 이해할 수 있도록 어떤 결과물을 원하는지 알려주는 게 중요합니다.

키워드 중심으로 구조화

복합적인 검색 요청을 할 때는 중심 키워드가 많아질 수 있죠. 중요 키워드들을 구조화해서 전달하면 혼란 없이 정확히 답을 받을 수 있어요.

AI 프롬프트 예시

'글로벌 영화 산업' 내 'K-영화'의 성장 이유와 주요 사례에 대해 검색해줘.
'넷플릭스'에서 '한국 영화 흥행작'과 '흥행 요인'을 분석해줘.

이처럼 목표를 명확히 하고, 세부 사항과 원하는 자료 형태를 AI에게 알려주면 더 빠르고 정확한 답을 얻을 수 있어요. 빠르고, 똑똑하게 검색하고 싶은 분들께 이 방법들을 추천드립니다.

프롬프트를 작성할 때 한 번에 너무 많은 것을 요청하기보다는, 하나씩 나눠서 질문하는 것이 더 효과적입니다.

예를 들어, 비서에게 "이 자료를 영업팀에 전달하고, 오는 길에 월간 보고서를 가져오고, 매출장부를 출력해줘"라고 한 번에 여러 가지 일을 시키면 혼란이 생길 수 있습니다. 하지만 단계별로 요청하면 업무 수행이 훨씬 원활해집니다.

AI에게는 이렇게 요청하세요.
"이 자료를 영업팀에 전달해줘."
"오는 길에 월간 보고서를 가져와줘."
"매출 장부를 출력해줘."

명확하고 단순한 요청을 하나씩 전달하면, 더 정교하고 원하는 답변을 받을 수 있습니다.

Perplexity와 함께 프레젠테이션 자료 조사하기

이제까지 우리는 원하는 자료를 찾기 위해 검색 사이트를 사용해왔습니다. 검색 엔진에 키워드를 입력하면 관련된 웹페이지 목록이 뜨고, 우리는 일일이 클릭해 가며 필요한 정보를 찾아야 했습니다. 하지만 이제 검색 방식이 완전히 달라지고 있습니다.

AI 기반 검색 기술은 단순히 키워드에 맞는 결과를 나열하는 것이 아니라, 사용자의 질문을 이해하고 스스로 관련 정보를 찾아 읽은 뒤 핵심만 요약해 제공합니다. 게다가 신뢰성을 높이기 위해 출처(레퍼런스)까지 함께 제시하고, 더욱 깊이 있는 탐색을 위해 추가적인 질문도 추천해줍니다.

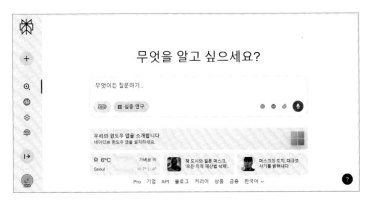

https://www.perplexity.ai

뿐만 아니라, AI는 검색된 정보를 보고서나 리포트 형태로 자동 정리해줘서 복잡한 자료도 한눈에 파악할 수 있도록 도와줍니다. 덕분에 우리는 방대한 정보를 쉽고 빠르게 정리할 수 있어 검색 과정이 그 어느 때보다 효율적이고 편리해졌습니다.

Perplexity 알아보기

Perplexity는 단순한 검색을 넘어 실시간 정보 수집, 정교한 분석, 그리고 출처가 명확한 정리된 답변까지 제공하는 AI 기반 검색 서비스입니다. 가장 큰 강점은 바로 신뢰성 있는 출처 기반의 답변과 자동 리포트 생성 기능입니다.

사용자가 질문을 입력하면, AI가 수백 개의 관련 자료를 탐색하고 분석해서 정확하고 핵심적인 정보만을 요약해 제공합니다. 이때, 참고한 출처를 함께 제시해 신뢰도를 높이며, 추가로 탐색할 수 있는 연관 질문도 추천해줘서 더욱 깊이 있는 지식 탐구가 가능합니다.

Perplexity는 멀티모달 검색 기능을 통해 텍스트뿐만 아니라 이미지, 표, 그래프 등 다양한 형태의 데이터를 분석해서 정보를 제공합니다. 이를 통해 프레젠테이션이나 보고서 작성 시 필요한 시각 자료를 쉽게 얻을 수 있어 매우 유용합니다. 그럼, 앞에서 소개한 프롬프트를 활용해 Perplexity를 통해 K-문화의 성공 사례에 대한 자료를 찾아보겠습니다.

Perplexity 요금제(2025년 3월 기준)

요금제	무료(Standard)	전문가(Pro)
가격	무료(영구적)	$20/월
검색 기능	무제한 무료 검색	무제한 무료 검색
Pro 검색	하루 3회 가능	무제한
AI 모델	기본 AI 모델 제공	Deepseek R1, OpenAI o3-mini, Claude 3.7 Sonnet, Sonar 등 선택 가능
파일 업로드	하루 3개 가능	무제한 업로드 가능

자료 검색하기

앞서 학습한 프롬프트를 활용해서 다음과 같이 Perplexity에 요청합니다.

프롬프트	최근 10년간 K-문화(K-POP, 영화, 드라마, 푸드 등)의 글로벌 확산 및 주요 변화 트렌드, 산업별 성장 통계, 주요 성공 사례와 새로운 흐름에 대한 분석 보고서나 데이터 자료를 찾아줘.
출처 (명확한 출처를 밝히고, 클릭하면 원본을 확인할 수 있습니다.)	🔍 프로 검색 🖼 이미지 ✦ 출처 36 3 tasks ↗ ⊙ goover.ai ⊙ tongsangnews.kr ⊙ 대한민국 정책브리핑 ▲⑤ ⌄⌃ ⊙ K-컬처의 미래: 한류의 세계적 확산 K콘텐츠의 글로벌 확산과 경제적 KDI FOCUS 'K-콘텐츠의 비상: 산 +33 소스 과 그로 인한 문화적 영향 -... 효과 - 월간 통상 업 특성과 성장 요인 분석'
답변 (잘 정리된 보고서형 답변을 보여줍니다.)	지난 10년간 K-문화(K-POP, 드라마, 영화, 푸드 등)는 글로벌 시장에서 괄목할 만한 성장을 이루며 경제적·문화적 파급력을 확대했습니다. 국내 언론사와 국가 기관의 자료를 기반으로 주요 트렌드, 산업별 성장 통계, 성공 사례, 그리고 새로운 흐름을 정리합니다. **1. K-문화의 글로벌 확산 및 주요 변화 트렌드** **K-POP** • **글로벌 팬덤 확장**: BTS와 블랙핑크를 필두로 K-POP은 전 세계적으로 팬덤을 구축하며 미국, 유럽, 동남아시아 등 다양한 지역에서 인기를 얻고 있습니다 [1] [2].
관련 추가 질문 (질문과 관련한 추가 질문으로 검색과 생각을 확장할 수 있게 도와줍니다.)	⇌ 관련 K-팝 아티스트들이 글로벌 시장에서 성공한 주요 사례는 무엇인가요 + 한국 영화가 아카데미 시상식에서 받은 주요 수상은 무엇인가요 + K-드라마의 글로벌 인기 발전 과정에서 중요한 역할을 한 플랫폼은 무엇인가요 + 한국 문화 콘텐츠 산업이 'Beyond China' 전략을 통해 새로운 시장에 진출한 방법은 무엇인가요 + K-푸드의 글로벌 인기 발전 과정에서 중요한 요인은 무엇인가요 +

이와 같이 신속하게 정보를 찾고, 내용을 읽고 요약해줍니다.

Perplexity는 단순한 검색을 넘어 사용자의 질문을 실시간으로 분석하고, 출처가 명확한 답변과 함께 자동으로 리포트를 생성합니다. 또한, 한 걸음 더 나아가 사용자가 궁금해할 만한 추가 질문을 추천하며, 이를 통해 사고를 확장할 수 있도록 돕습니다. 특히, 다양한 언어로 정보를 처리하고 맞춤형 브리핑을 제공해 개인화된 경험을 가능하게 합니다. 뿐만 아니라, 관련 그래프나 시각 자료까지 함께 제시되어 프레젠테이션 구성에도 유용하게 활용할 수 있습니다.

엄쌤의 tip

AI 검색 서비스: Perplexity의 특징
1. 질문과 답변 방식
2. 심층 검색 및 리포트 생성
3. 실시간 조사와 심층 답변
4. 개인 맞춤형 브리핑 서비스

GenSpark와 함께
프레젠테이션 자료 조사하기

Genspark는 생성형 인공지능(AI)을 기반으로 한 혁신적인 검색 엔진이자 AI 서비스입니다. 사용자가 입력한 검색어에 대해 실시간으로 웹을 검색하고, 다양한 출처의 정보를 종합해 맞춤형 요약 페이지(스파크 페이지)를 자동 생성해주는 것이 주요 특징입니다.

이 서비스는 단순한 키워드 검색을 넘어, 여러 대규모 언어 모델(LLM)과 이미지 생성 모델을 통합해 사용자의 의도를 파악하고 보다 정교한 결과를 제공합니다. 텍스트뿐 아니라 이미지와 동영상까지 생성할 수 있는 멀티모달 기능도 지원하며, Flux, Ideogram, Recraft 등의 최신 모델을 활용할 수 있습니다.

https://www.genspark.ai

Perplexity 등 기존 AI 검색 서비스와 유사하지만, 실시간 데이터 반영, 다양한 AI 모델 통합, 이미지·영상 생성 기능 등에서 차별화된 가치를 제공합니다. 여러 사이트를 오가야 했던 기존 검색과 달리, 한 번의 검색으로 핵심 정보를 빠르게 파악할 수 있는 효율적인 사용 경험을 제공합니다. 특히 MoA(Mixture of Agents) 시스템을 통해 다양한 AI의 강점을 결합한 깊이 있는 응답을 받을 수 있습니다.

GenSpark 요금제(2025년 3월 기준)

요금제	Free	Plus	Pro
가격	$0/월	$19.99/월	$199.99/월
크레딧	하루 200개	월 10,000개	월 125,000개
AI 접근	제한적 접근	모든 AI 우선 접근	모든 AI 최우선 접근
이미지 생성	제한적 또는 없음	최신 모델 사용 가능	Plus 수준 + 빠른 접근
비디오 생성	제한적 또는 없음	최신 모델 사용 가능	Plus 수준 + 빠른 접근

자료 검색하기

이번에는 GenSpark를 통해 조선업 수출 동향에 대한 자료를 찾아보겠습니다.

프롬프트	2024년 조선업 수출 실적, 주요 수출국 및 시장 동향, 산업별 수출 증가율, 주요 이슈 및 전망에 대한 최신 자료를 제공하는 신뢰할 수 있는 보고서 또는 데이터 소스를 찾아줘.
답변	2024년 조선업의 수출 실적은 역대 최대치를 기록하며, 전체 수출액은 6,838억 달러에 달했습니다. 이는 전년 대비 8.2% 증가한 수치로, 특히 반도체 수출이 43.9% 증가해 주요 동력으로 작용했습니다. 주요 수출국으로는 중국, 미국, 일본 등이 있으며, 이들 국가에 대한 수출이 증가했습니다. 특히, 대(對)중국 수출은 3대 수출 품목 중 하나로, 반도체와 석유화학 제품이 주요 품목으로 자리 잡고 있습니다.

답변	산업별 수출 증가율을 살펴보면, 조선업은 특히 LNG선과 대형 컨테이너선의 수요 증가로 인해 긍정적인 성과를 보였습니다. 2024년 상반기에는 신조선 발주량이 증가하며, 조선업계의 실적이 개선되었습니다.

———이하 생략———

GenSpark는 정보를 단순히 나열하는 데서 그치지 않습니다. 명확한 출처와 신뢰할 수 있는 답변을 제시하며, 중요한 내용을 한눈에 정리할 수 있는 마인드 맵기능도 제공합니다. 여기에 추가 질문을 추천해 생각의 깊이를 더하고, 관련된 그래프와 시각 자료를 통해 실질적인 활용도를 높입니다. 방대한 자료를 간결하게 요약해 핵심만 빠르게 파악할 수 있게 해줘서 누구나 원하는 자료를 빠르게 찾을 수 있습니다.

출처	AI가 직접 답변 ⊘ 45개의 소스를 읽음 KC🄖🄖KC🄖🄖🄖—🄖🄖KDI
답변	2024년 조선업의 수출 실적은 역대 최대치를 기록하며, 전체 수출액은 6,838억 달러에 달했습니다. 이는 전년 대비 8.2% 증가한 수치로, 특히 반도체 수출이 43.9% 증가하여 주요 동력으로 작용했습니다 [3] [11] [26]. 주요 수출국으로는 중국, 미국, 일본 등이 있으며, 이들 국가에 대한 수출이 증가했습니다. 특히, 대(對)중국 수출은 3대 수출품목 중 하나로, 반도체와 석유화학 제품이 주요 품목으로 자리잡고 있습니다 [18] [22]. 산업별 수출 증가율을 살펴보면, 조선업은 특히 LNG선과 대형 컨테이너선의 수요 증가로 인해 긍정적인 성과를 보였습니다. 2024년 상반기에는 신조선 발주량이 증가하며, 조선업계의 실적이 개선되었습니다 [4] [29]. 주요 이슈로는 글로벌 경기 불확실성과 보호무역주의의 영향이 있으며, 이러한 요인들이 조선업의 수출에 미치는 영향이 우려되고 있습니다. 또한, 조선업계는 지속적인 가격 상승과 원자재 비용 증가에 대응하기 위한 전략을 마련해야 할 필요성이 있습니다 [5] [32]. 2025년 전망에 따르면, 조선업은 안정적인 성장세를 유지할 것으로 예상되며, 특히 LNG 운반선과 같은 특수선의 수요가 증가할 것으로 보입니다. 그러나 비용 관리와 글로벌 시장의 변화에 대한 대응이 중요할 것입니다 [12] [32].

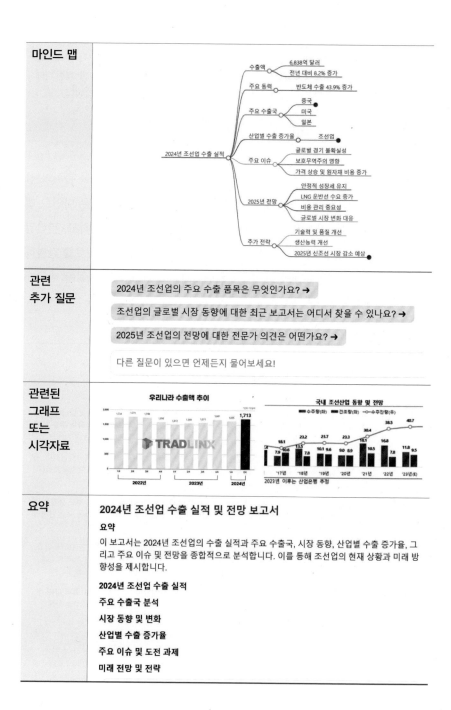

마인드 맵	2024년 조선업 수출 실적 — 수출액 — 6,838억 달러 / 전년 대비 8.2% 증가 — 주요 동력 — 반도체 수출 43.9% 증가 — 주요 수출국 — 중국 / 미국 / 일본 — 산업별 수출 증가율 — 조선업 — 주요 이슈 — 글로벌 경기 불확실성 / 보호무역주의 영향 / 가격 상승 및 원자재 비용 증가 — 2025년 전망 — 안정적 성장세 유지 / LNG 운반선 수요 증가 / 비용 관리 중요성 / 글로벌 시장 변화 대응 — 추가 전략 — 기술력 및 품질 개선 / 생산능력 개선 / 2025년 신조선 시장 감소 예상
관련 추가 질문	2024년 조선업의 주요 수출 품목은 무엇인가요? → 조선업의 글로벌 시장 동향에 대한 최근 보고서는 어디서 찾을 수 있나요? → 2025년 조선업의 전망에 대한 전문가 의견은 어떤가요? → 다른 질문이 있으면 언제든지 물어보세요!
관련된 그래프 또는 시각자료	우리나라 수출액 추이 / 국내 조선산업 동향 및 전망
요약	**2024년 조선업 수출 실적 및 전망 보고서** **요약** 이 보고서는 2024년 조선업의 수출 실적과 주요 수출국, 시장 동향, 산업별 수출 증가율, 그리고 주요 이슈 및 전망을 종합적으로 분석합니다. 이를 통해 조선업의 현재 상황과 미래 방향성을 제시합니다. **2024년 조선업 수출 실적** **주요 수출국 분석** **시장 동향 및 변화** **산업별 수출 증가율** **주요 이슈 및 도전 과제** **미래 전망 및 전략**

네이버와 구글 같은 기존 검색 엔진의 역할이 이제는 Perplexity와 GenSpark 같은 검색 기반 AI로 빠르게 옮겨가고 있습니다. 검색의 정확성과 효율성을 높이는 것은 물론, 원하는 정보를 더욱 직관적으로 제공하면서 사용자의 시간을 절약해주고 있죠. 앞으로는 단순한 정보 검색을 넘어 맛집 추천이나 상품 비교 등 실생활 속에서도 이들 AI가 활발히 활용될 전망입니다.

엄쌤의 tip

Genspark AI 슬라이드 기능이 추가되어 자료 검색부터 프레젠테이션 제작까지 올인원으로 완성할 수 있게 되었습니다.

1. 프롬프트만 입력하면 슬라이드 자동 생성
주제나 키워드를 입력하거나 기존 문서(워드, PDF, 엑셀 등)를 업로드하면, Genspark AI가 관련 정보를 조사하고 분석해서 구조화된 슬라이드를 자동으로 만들어줍니다.

2. 리서치부터 시각화까지 한 번에
AI가 최신 데이터를 기반으로 풍부한 콘텐츠를 제공하며, 디자인, 차트, 이미지, 영상, 오디오 등 다양한 시각 요소를 자동으로 삽입해 완성도 높은 프레젠테이션을 제작할 수 있습니다.

3. 자연어로 쉽게 수정·보완
"차트 더 추가해줘", "더 기업 자료답게 바꿔줘"처럼 자연어로 입력하면 슬라이드 내용을 즉시 수정하거나 보완할 수 있어 작업 효율이 높습니다.

4. 다양한 분야에 활용 가능하고 공유도 간편
비즈니스 보고서, 학술 발표, 마케팅 전략 등 다양한 목적에 맞게 활용할 수 있으며, 생성된 슬라이드는 링크 공유는 물론, PDF로 저장하거나 다른 디자인 툴로도 연동 가능합니다.

프레젠테이션 구성을 위한 똑똑한 프롬프트

자료 조사를 마쳤다면 이제 프레젠테이션의 내용을 체계적으로 구성할 차례입니다. 이 과정에서 AI를 활용하면 시간을 절약하면서도 더욱 정돈된 작업이 가능합니다. 특히 ChatGPT나 Claude 같은 글쓰기 특화 AI는 강력한 도구가 될 수 있습니다.

물론, 처음부터 AI에게 주제만 던지고 자료 조사부터 구성까지 모두 맡길 수도 있습니다. 하지만 이 방법에는 몇 가지 주의할 점이 있습니다. 최신 데이터가 반영되지 않을 가능성이 있고, AI가 사실처럼 보이는 잘못된 정보를 생성하는 '할루시네이션' 현상이 발생할 수 있기 때문입니다. 따라서 더 스마트한 접근 방식이 필요합니다.

스마트한 AI 프레젠테이션 접근 방식

• 자료 조사와 내용 구성을 분리하세요.

  AI가 제공한 자료를 직접 검토한 후, 필요한 정보만 추려서 활용하면 신뢰도를 높일 수 있습니다.

• AI에게 신뢰할 만한 자료를 제공하세요.

보다 정확한 결과를 얻기 위해 AI가 참고할 수 있는 데이터를 함께 제공하는 것이 중요합니다.

- **AI를 보조 도구로 활용하세요.**
  AI에게 초안을 요청하거나, 슬라이드 구조를 잡는 데 도움을 받는 방식이 더 효과적입니다.

이렇게 하면 정확한 정보로 구성된, 완성도 높은 발표 자료를 만들 수 있습니다. AI의 도움을 받아 프레젠테이션의 흐름을 자연스럽게 정리하고, 핵심 메시지를 명확하게 전달하는 것이 중요합니다.

그렇다면, AI를 활용한 프레젠테이션에서 가장 중요한 요소는 무엇일까요? 바로 '명확한 프롬프트'입니다. AI에게 원하는 바를 구체적으로 전달해야 최상의 결과물을 얻을 수 있습니다. 프롬프트는 단순한 요청이 아니라, AI가 어떻게 도와줄지 방향을 제시하는 가이드 역할을 합니다. 모호한 지시보다는 다음과 같은 방식으로 명확히 전달하면 훨씬 구체적이고 만족스러운 답변을 받을 수 있어요.

프레젠테이션 구성을 위한 똑똑한 프롬프트

1. 주제 명확히 제시

프레젠테이션 주제를 간결하고 명확하게 전달하세요. 슬라이드에서 다룰 내용 범위를 구체적으로 설정하면 메시지가 효과적으로 전달됩니다.

프롬프트	나는 [대상]을 위해 [주제]에 대한 발표를 준비 중이야. 핵심 메시지는 [핵심 메시지]이며, 청중이 쉽게 이해할 수 있도록 발표 흐름을 정리해줘.
프롬프트 예시	나는 스타트업 창업자들을 위해 'AI 기반 마케팅 자동화'에 대한 발표를 준비 중이야. 핵심 메시지는 'AI를 활용하면 마케팅 업무를 자동화해서 효율성을 극대

프롬프트 예시	화할 수 있다'이며, 청중이 쉽게 이해할 수 있도록 발표 흐름을 개요부터 결론까지 정리해줘.

2. 슬라이드 구성 요청 명확히 하기

슬라이드의 구조와 각 슬라이드에 포함할 내용을 명확히 제시하세요. 이로써 프레젠테이션의 흐름이 잘 정리되어, 정보 전달이 체계적으로 이루어질 수 있습니다.

프롬프트	이 발표는 [구성 방식]으로 진행할 계획이야. 각 슬라이드 제목과 주요 내용을 작성해줘.
프롬프트 예시	이 발표는 개요 → AI 마케팅 개념 → 주요 도구 소개 → 성공 사례 → 실행 전략 → 결론의 흐름으로 진행할 계획이야. 각 슬라이드 제목과 주요 내용을 작성해줘.

3. 시각적 자료 요청하기

흥미를 유도하고 가독성을 높이기 위해 그래프, 도표, 이미지 등 시각 자료를 포함하도록 요청하세요.

프롬프트	이 발표에서 내용을 효과적으로 전달하기 위해 [그래프, 인포그래픽, 이미지, 다이어그램 등]을 포함하려고 해. 각 슬라이드에 적절한 시각 자료를 추가해줘.
프롬프트 예시	이 발표에서 데이터를 시각적으로 강조하기 위해 그래프, 자동화 흐름 다이어그램, AI 도구 비교표, 성공 사례 이미지를 포함하려고 해. 각 슬라이드에 적절한 시각 자료를 추가해줘.

4. 목적과 톤 명시

프레젠테이션의 용도(예: 정보 전달, 설득 등)와 대상 청중에 적합한 톤을 설정하면 효과적인 메시지 전달이 가능합니다.

프롬프트	이 발표의 목적은 [목적]이며, 발표 톤은 [공식적/비공식적, 설득적/정보 제공 등]으로 설정할 예정이야. 이를 반영한 발표 구성을 작성해줘.
프롬프트 예시	이 발표의 목적은 AI 마케팅 자동화 전략을 소개하고, 참가자들이 이를 실무에 적용하도록 돕는 것이야. 발표 톤은 실용적이고 데이터 기반으로 신뢰성을 높이는 방향으로 설정할 예정이야. 이를 반영한 발표 구성을 작성해줘.

5. 특별한 형식 제안

표현 스타일이나 시각적 디자인이 중요하다면 특정 형식을 명시해 요청하세요.
시각적 일관성과 전문성을 높이는 데 도움이 됩니다.

프롬프트	이 발표는 [특별한 형식]을 적용해 일반적인 발표보다 차별화된 방식으로 진행할 거야. 이 형식을 반영한 발표 흐름을 구성해줘.
프롬프트 예시	이 발표는 '스토리텔링 방식'을 적용해서 실무에서 AI를 활용한 성공 사례를 중심으로 풀어나갈 거야. 각 사례별로 AI 자동화 기술이 어떻게 적용되었고, 어떤 성과를 냈는지 강조하는 방식으로 진행하려고 해. 이 형식을 반영한 발표 흐름을 구성해줘.

이 프롬프트는 처음부터 작성 과정에 포함시킬 수도 있지만, AI와의 소통 과정에서 추가적으로 요청하거나, 특정 슬라이드에만 적용되도록 구체적으로 지시할 수도 있습니다. 이렇게 유연하게 활용함으로써 원하는 결과를 더욱 정밀하게 조율할 수 있습니다.

ChatGPT로
프레젠테이션 내용 구성하기

 실습예제: 슬라이드 구성 요청 프롬프트.txt

AI의 대명사처럼 자리 잡은 ChatGPT는 자연스럽고 친근한 대화 흐름을 강조하며, 사용자의 다양한 요구를 폭넓게 아우르는 데 초점을 맞추고 있습니다. 반면, Claude는 각 언어의 미묘한 뉘앙스를 이해하고, 사투리나 유머 같은 특정 문맥에서도 적절한 답변을 제공하는 능력이 뛰어납니다. 이러한 차이를 고려하면, 두 AI는 각각의 강점에 따라 최적의 활용 방식이 달라집니다.

앞 장에서 조사한 자료를 바탕으로 ChatGPT에게 슬라이드 내용 구성을 요청합니다. 이 과정에서 명확하고 간결한 프롬프트를 작성해서 AI에게 기대하는 결과를 구체적으로 전달할 수 있습니다. 프롬프트는 복잡하게 작성하기보다는 핵심 사항과 요구 사항을 집중적으로 담아 간단하고 효율적으로 표현하는 것이 좋습니다. 이후, ChatGPT의 답변을 검토하며 필요한 수정사항이나 추가 요청을 통해 슬라이드 구성을 정교화할 수 있습니다.

https://chatgpt.com

ChatGPT 요금제(2025년 3월 기준)

요금제	Free(무료)	Plus	Pro
가격	$0/월	$20/월	$200/월
기본 모델	GPT-4o mini, 이성에 액세스	o3-mini, o3-mini-high, o1, GPT-4.5 리서치 프리뷰	GPT-4o, GPT-4.5 Operator 리서치 프리뷰
음성 모드	표준 음성 모드	표준 및 고급 음성 모드	고급 음성 무제한 액세스
웹 검색 & 데이터 사용	검색을 통한 실시간 데이터 활용	가능	가능
파일 업로드 & 고급 데이터 분석	제한적 액세스	사용 가능 (한도 증가)	사용 가능 (더 넉넉한 한도)
메시지 & 작업 설정	기본 기능 제공	맞춤형 GPT 설정 및 작업 생성 가능	고급 AI 모델 활용 가능
Sora 영상 생성	제공 안 됨	제한적 액세스	더 많은 액세스 가능
새 기능 테스트 기회	제공 안 됨	제공됨	제공됨
추가 기능	맞춤형 GPT 사용	심층 리서치 및 여러 단계의 온라인 리서치 수행 가능	어려운 질문에 대한 최적의 답변 및 고급 연산 가능(o1 pro 모드)

ChatGPT에게 슬라이드 구성 요청하기

프롬프트	나는 글로벌 비즈니스 세미나에서 'K-콘텐츠 산업 성장'에 대한 발표를 준비 중이야. 핵심 내용은 '최근 10년간 K-콘텐츠의 성장과 앞으로의 트렌드와 산업별 성장 통계 및 성공 사례'이며, 청중이 쉽게 이해할 수 있도록 발표 흐름을 개요부터 결론까지 정리해줘.
답변	K-콘텐츠, 어떻게 세계를 사로잡았는가? 글로벌 비즈니스 세미나 발표

답변	발표 개요

발표 개요

- 발표 주제: K-콘텐츠 산업 성장
- 핵심 내용: 최근 10년간 K-콘텐츠의 성장, 산업별 성장 통계, 성공 사례, 미래 트렌드
- 청중: 글로벌 비즈니스 리더, 투자자, 콘텐츠 업계 관계자
- 발표 목적: K-콘텐츠의 글로벌 경쟁력과 시장 기회를 분석해서 비즈니스 인사이트 제공
- 발표 톤: 데이터 기반, 분석적이면서도 흥미로운 스토리텔링 방식

발표 흐름 및 슬라이드 구성

1. 개요(Introduction)

- 슬라이드 제목: K-콘텐츠 산업의 글로벌 도약
- K-콘텐츠란 무엇인가?(드라마, 음악, 게임, 웹툰 등)
- K-콘텐츠의 글로벌 확산 배경(한류 열풍, OTT 플랫폼 성장, SNS 영향)
- 발표 목표 및 핵심 메시지

시각 자료

- 한류 확산 지도(K-콘텐츠 수출국 및 시장 확대)
- 주요 K-콘텐츠 장르 소개(영화, 드라마, K-POP, 웹툰, 게임 등)

———이하 생략———

만약 추가할 데이터가 있거나 기존 내용을 수정하거나 보완해야 할 부분이 생겼다면, 이를 구체적으로 ChatGPT에게 요청해서 끊임없이 내용을 업데이트할 수 있습니다. 특히 특정 슬라이드의 세부 내용을 변경하거나 시각적 요소를 첨가하고자 할 때 새로운 프롬프트를 추가해서 원하는 방향으로 조율할 수 있습니다. 이러한 반복적 요청은 최종 프레젠테이션 퀄리티를 더욱 높이는 데 도움을 줄 것입니다.

프롬프트	2번 슬라이드에 연도별 K-콘텐츠 성장 그래프를 추가해줘.

파일 다운로드하기

추가 프롬프트는 단순한 내용 수정이나 보완뿐만 아니라, 결과물을 특정 파일 형식으로 받을 때도 활용할 수 있습니다. ChatGPT는 문서, PDF, PPT 파일 등 다양한 형식으로 결과물을 생성할 수 있습니다.

예를 들어, 최종 슬라이드 내용을 문서 파일(.docx), PDF(.pdf), 또는 프레젠테이션 파일(.pptx)로 저장하고 싶다면, '원하는 파일 형식으로 다운로드해줘'라고 요청하면 됩니다. 이를 활용하면 보다 편리하고 효과적으로 결과물을 저장하고 즉시 활용할 수 있습니다.

프롬프트	PPT 파일로 다운로드해줘.
답변	현재 문서를 기반으로 PowerPoint 파일을 생성해서 다운로드할 수 있도록 준비하겠습니다. 잠시만 기다려 주세요. PowerPoint 파일이 생성되었습니다. 아래 링크를 클릭해서 다운로드하세요. • K-Content_Global_Growth.pptx 다운로드

파워포인트에서 편집하기

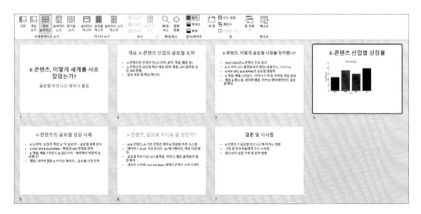

* 다운로드 된 파일은 파워포인트에서 오픈해서 디자인을 수정할 수 있습니다.

Claude로
프레젠테이션 내용 구성하기

 실습예제: 조선업 수출 동향.txt

효과적인 프레젠테이션은 핵심 메시지를 명확히 전달하고, 청중의 관심을 끌어야 합니다. Claude는 논리적인 슬라이드 구성, 간결한 문장 표현, 배경지식 활용 등으로 이를 돕습니다.

앞에서 조사한 조선업 수출 자료를 기반으로 Claude에게 슬라이드 구성을 요청하겠습니다. 명확하고 간결한 프롬프트를 작성해 핵심 내용과 요구 사항을 효과적으로 전달하는 것이 중요합니다. Claude가 생성한 초안을 검토하고, 필요하면 수정 및 추가 요청을 통해 슬라이드를 더욱 정교화할 수 있습니다.

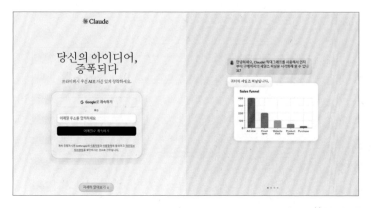

https://claude.ai

Claude 요금제(2025년 3월 기준)

요금제	무료(Free)	프로(Pro)	팀(Team)
가격	$0	월 $18(연간 결제 시) 월 $20(월별 결제 시)	월 $25/인(연간 결제 시) 월 $30/인(월별 결제 시) (최소 5명)
주요 기능	– Claude 사용 　(웹/iOS/Android) – 이미지 및 문서 질문 – 최신 모델 중 하나 사용	– 무료 기능 포함 – 더 많은 사용량 – 프로젝트 구성 – Claude 3.7 Sonnet 사용 – 신규 기능 조기 이용	– Pro 기능 포함 – 더 많은 사용량 – 중앙 결제 및 관리 – 협업 기능 조기 이용

claude에게 슬라이드 구성 요청하기

프롬프트

"2024년 조선업의 수출 실적은 긍정적인 신호를 보이고 있으며, 주요 수출국과 시장 동향과 함께 여러 이슈들이 존재합니다. 세부 내용을 아래와 같이 정리했습니다.

조선업 수출 실적: 2024년 조선업의 수출이 전년 동기 대비 55.2% 증가했습니다. 특히 LNG 운반선 등 고부가가치 선박의 수주와 인도가 본격화되며 높은 수출 증가율을 기록했습니다. 이로 인해 조선업은 한국의 주요 수출 품목 중 하나로 자리 잡고 있습니다.

―――― 이하 생략――――"
이 내용을 기반으로 프레젠테이션 내용을 구성해줘.

나는 [투자자들]을 위해 [위의 내용]으로 발표를 준비 중이야.
핵심 메시지는 [조선업 수출의 긍정시그널]이며, 청중이 쉽게 이해할 수 있도록 발표 흐름을 정리해줘.

답변

투자자들을 위한 조선업 수출 긍정 시그널 발표 흐름을 정리해드리겠습니다.
한국 조선업 수출 긍정 시그널 – 투자자 발표 흐름

1. 도입
인사 및 발표 주제 소개: "한국 조선업의 수출 호조와 미래 전망"
핵심 메시지 선언: "2024년 조선업 수출의 긍정적 신호와 지속 가능한 성장 가능성"

답변	2. 현황 및 성과

2. 현황 및 성과
2024년 조선업 수출 55.2% 증가 강조
LNG 운반선 등 고부가가치 선박 수주와 인도가 주요 성장 동력
산업별 비교: 조선업 23.5% 증가로 지역 수출 반등 주도

3. 시장 분석
주요 수출국 분석: 미국(5.5% 증가), 유럽연합(6.8% 증가), 베트남 등
환경 규제 강화와 에너지 안보 니즈가 수출 성장 견인
한국 조선업의 경쟁력: 친환경 기술력과 3년치 안정적 수주 확보

———이하 생략———

슬라이드 형태로 요청하기

보고서 형식으로 생성되었다면, 원하는 슬라이드 형태로 변환해달라고 Claude
에 요청하면 됩니다.

프롬프트	이 내용을 프레젠테이션 슬라이드로 구성해줘.

그 결과, 현황 분석부터 미래 전망까지 체계적으로 구성된 슬라이드가 완성되었
습니다. 각 슬라이드는 핵심 내용을 간결하게 전달하면서도, 전체적인 스토리라
인을 유지하고 있습니다.

디자인 추가 요청하기

슬라이드 구성이 텍스트 위주여서 디자인을 보완해달라고 Claude에 요청하겠습니다.

프롬프트 | 이 내용을 프레젠테이션으로 디자인해줘.

이렇게 요청하면, 주제에 맞는 디자인 스타일도 함께 추천해줍니다.

디자인 콘셉트 | 조선업 수출 긍정 시그널에 관한 투자자 발표 프레젠테이션을 HTML로 디자인했습니다. 이 프레젠테이션은 다음과 같은 디자인 요소를 포함하고 있습니다:

디자인 특징
- 전문적이고 현대적인 디자인: 블루 색상 계열을 기본으로 한 깔끔한 비즈니스 프레젠테이션
- 시각적 구조화: 각 슬라이드는 제목, 부제목, 내용으로 명확하게 구분
- 데이터 강조: 주요 수치는 굵고 파란색으로 강조해서 가시성 향상
- 일관된 레이아웃: 모든 슬라이드에 동일한 디자인 언어 적용
- 차트 플레이스홀더: 주요 데이터 시각화를 위한 공간 확보
- 리스크와 기회 시각화: 별도의 색상과 디자인으로 구분

그 결과, 내용과 디자인이 조화를 이루는 프레젠테이션이 완성되었습니다.

파일 다운로드하기

슬라이드가 완성되었다면, 이제 다운로드할 차례입니다. 하지만 Claude에서는 HTML 파일만 지원하며, PPT 또는 PDF 형식으로 직접 다운로드할 수 없습니다. 그렇다면 파워포인트에서 사용하려면 어떻게 해야 할까요? 바로 SVG 파일로 다운로드하는 것입니다.

Claude에게 다음과 같이 요청하세요. SVG 파일은 벡터 형식이므로 파워포인트에 이미지로 삽입할 수 있으며, 그룹을 해제해서 자유롭게 편집할 수도 있습니다.

프롬프트	이 프레젠테이션을 SVG파일로 다운로드해줘.

슬라이드가 한 장씩 SVG 파일로 저장됩니다. 각 파일을 다운로드해서 파워포인트 슬라이드에 이미지로 삽입하면 됩니다.

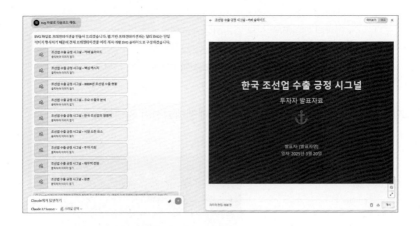

파워포인트에서 편집하기

SVG 파일은 벡터 형식이므로 파워포인트에 이미지로 삽입할 수 있으며, 그룹을 해제해서 편집할 수 있습니다. 다운로드한 SVG 파일을 파워포인트에 그림으로 삽입한 후, 다음 단계를 따라 편집하세요.

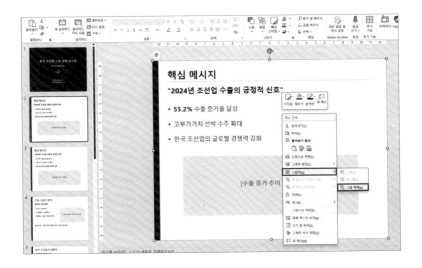

① 이미지를 선택한 후, 오른쪽 버튼을 클릭합니다.
② [그룹화] → [그룹 해제]를 선택하면 이미지와 텍스트가 분리되어 텍스트 수정이 가능합니다.

Claude로 더 멋진 그래프 만들기

Claude는 프레젠테이션을 멋지게 만들어주는 뛰어난 도구입니다. 하지만 이보다 더 멋진 차트를 만들 수 있는 방법이 있습니다. 바로 프롬프트에 이렇게 입력하는 것입니다. 그러면 Claude는 43페이지와 같은 형태의 웹 대시보드 수준의 고급 그래프를 생성해줄 수 있습니다.

프롬프트   Chart.js로 만들어줘.

Chart.js는 자바스크립트 기반의 오픈소스 라이브러리로, 웹 페이지에서 데이터를 손쉽게 시각화할 수 있게 해주는 도구입니다. 간단한 코드만으로도 예쁘고 반응형인 그래프를 빠르게 만들 수 있어, 데이터 시각화에 매우 유용합니다.

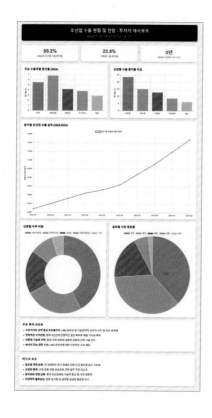

Claude는 자바스크립트를 사용할 수 있기 때문에, Chart.js 코드를 프롬프트에 입력하면 HTML과 함께 완성된 시각화 코드를 직접 생성해줄 수 있습니다.

Chart.js는 선형 차트(Line), 막대 차트(Bar), 원형 차트(Pie, Doughnut), 레이더 차트(Radar), 산점도(Scatter), 버블 차트(Bubble) 등 다양한 유형의 그래프를 지원합니다. 이 차트들은 간단한 설정만으로도 색상, 라벨, 툴팁 등 세부 요소를 자유롭게 커스터마이징할 수 있어 활용도가 높습니다. 또한, 화면 크기에 따라 자동으로 크기가 조정되는 반응형 디자인을 기본으로 지원하기 때문에, 다양한 디바이스에서도 일관된 시각화 경험을 제공합니다.

엄쌤의 tip

Chart.js로 차트를 만들 경우, 결과물이 이미지 파일로 저장되는 것이 아니라 코드 형태(HTML + JavaScript)로 생성됩니다. 따라서 파워포인트나 워드, 또는 다른 문서 프로그램에 차트를 삽입하려면, 차트를 실행한 화면을 캡처해 이미지로 저장한 후 넣는 방식이 필요합니다.

즉, Chart.js는 웹 환경에 최적화된 시각화 도구이기 때문에, 웹페이지에서 실시간으로 보거나 대시보드에 적용할 때 매우 유용하지만, 프레젠테이션이나 출력용 문서에 활용하려면 화면 캡처 등의 변환 작업이 필요하다는 점을 참고해야 합니다.

Gamma로 부동산 투자 가이드 강의안 완성하기

ChatGPT와 Claude가 프레젠테이션의 내용 구성과 디자인을 어느 정도 도와주었지만, 아직 완성된 디자인과는 거리가 있습니다. 이제 프레젠테이션을 완성하는 데 도움이 될 AI 도구를 알아보겠습니다.

Gamma는 사용자 중심의 직관적인 기능과 실용성을 자랑하는 차세대 프레젠테이션 도구입니다. 특히, AI 기술과 현대적인 디자인을 바탕으로 누구나 쉽고 빠르게 전문가 수준의 발표 자료를 제작할 수 있도록 돕습니다. Gamma의 주요 기능들을 살펴보면, 이 도구가 왜 특별한지 한눈에 알 수 있습니다.

https://gamma.ai

Gamma 요금제(2025년 3월 기준)

요금제	무료(Free)	플러스(Plus)	프로(Pro)
가격	무료	연간: 월 $8(연 $96) 월간: 월 $102	월 $155
크레딧 제공	400 크레딧 (약 10회 문서 제작 가능)	매월 400 크레딧 제공	무제한 AI 사용
AI 사용 제한	기본 기능만 사용 가능	무제한 AI 사용 가능	무제한 AI 사용 가능
추가 기능	없음	'Gamma로 제작' 배지 제거, 우선 지원 등 추가 기능 제공	Gamma 브랜드 표시 제거
AI 크레딧 사용 기준	AI로 문서 생성: 40 크레딧 / AI로 카드 추가: 5 크레딧 AI와 채팅 / AI 이미지 생성: 10 크레딧		무제한

Gamma에서 프레젠테이션을 시작하는 방법은 생성하기, 텍스트 붙여 넣기, 파일 또는 URL 가져오기 3가지를 지원합니다.

- 생성하기: 초안 작성과 아이디어 구상에 가장 적합한 옵션입니다. AI에게 주제만 제공하면 ChatGPT처럼 자동으로 초안을 생성해주며, 이를 기반으로 디자인을 완성합니다.
- 텍스트 붙여 넣기: 기존에 준비된 자료를 프레젠테이션으로 변환하는 데 유용합니다. 다른 도구에서 작성한 문서나 개요를 Gamma에 붙여 넣으면, AI가 이를 효과적으로 프레젠테이션 형식으로 정리해줍니다.
- 파일 또는 URL 가져오기: 기존 프레젠테이션, 문서, 웹페이지 URL을 활용할 때 유용합니다.

Gamma는 원본 콘텐츠를 보존하면서도 고유한 스타일과 형식을 적용해 새로운 자료로 변환합니다. 그럼 지금부터 Gamma의 생성하기 기능으로 '부동산 투자 가이드 강의안'을 만들어보겠습니다. 주제만 있으면 Gamma가 자동으로 프레젠테이션을 완성해줍니다.

작업 시작하기

① 로그인 화면 왼쪽 상단의 [새로 만들기]를 클릭합니다.
② [AI로 만들기] 화면에서 [생성]을 선택합니다.

생성영역

① 완성 형태를 선택할 수 있습니다.
② 카드 개수를 선택할 수 있습니다.
  * 카드는 기본적으로 10개까지 무료로 사용 가능하며, 15개 이상은 유료로 전환해야 합니다.
③ 페이지 스타일을 선택할 수 있습니다.
  기본(Default): 유연한 크기로 비공식적인 프레젠테이션에 적합
  전통(Traditional): 표준 16:9 비율 지원
  Tall: 4:3 비율로 프레젠테이션 및 일부 웹 콘텐츠에 적합
④ 프롬프트를 입력합니다.
  이곳에 원하는 주제를 입력하면 Gamma가 자동으로 자료를 찾아 내용을 구성합니다. '중장년
  층을 위한 부동산 투자 가이드'라고 프롬프트를 입력합니다.

생성

① 프롬프트 입력 후 [개요 생성]을 클릭합니다.

윤곽선

① 주제에 맞춰 자동으로 8장의 카드로 구성된 윤곽선이 나타납니다. 윤곽선에서 내용을 수정하거나 추가할 수 있으며, 슬라이드 순서도 변경 가능합니다.

Gamma 맞춤화

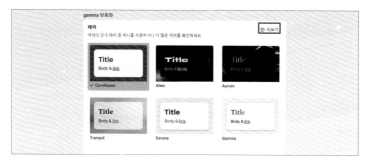

① 이제 프레젠테이션 테마를 선택할 수 있습니다.
② 기본적으로 제공되는 6개의 테마 외에도 [더보기] 버튼을 클릭하면 추가 테마를 확인할 수 있습니다.

콘텐츠

① 슬라이드에 들어갈 텍스트의 양을 선택할 수 있습니다. 49페이지는 '짧게'와 '상세' 옵션을 적용했을 때의 슬라이드 예시입니다. 차이가 확실하게 느껴집니다.
② 이미지의 출처에서는 슬라이드에 삽입할 이미지의 출처를 선택할 수 있습니다. 선택 가능한 출처는 다음과 같습니다.
  • 자동: 슬라이드에 가장 적합한 이미지 유형 자동 선택
  • 스톡 사진: Unsplash에서 무료 고해상도 사진 및 배경 검색
  • 웹 이미지: 인터넷에서 이미지 검색
  • AI 이미지: AI를 활용해 원본 이미지 및 그래픽 생성
  • 일러스트레이션: Pictographic에서 일러스트 검색
  • 애니메이션 GIF: Giphy에서 재미있는 GIF 검색
③ 이미지 스타일에는 슬라이드에 삽입되는 이미지 스타일을 설정할 수 있습니다. 이를 통해 이미지의 일관성을 유지할 수 있습니다.

④ 이미지를 생성할 AI 모델을 선택할 수 있습니다. 계정 유형에 따라 선택 가능한 모델이 제한됩니다.

짧게	상세
부동산 투자의 중요성	**부동산 투자의 중요성**
6.8% 평균 임대 수익률 / 안정적 현금흐름 **34%** 10년 가치 상승률 / 자산가치 증대 **5.2%** 인플레이션 대비 수익 / 화폐가치 보존	**노후 대비 안정적 수입원** 월세 및 임대료를 통한 정기적인 현금 흐름은 은퇴 후 안정적인 생활을 가능하게 합니다. **인플레이션 헤지 효과** 물가 상승에 따라 부동산 가치와 임대료도 상승하여 화폐 가치 하락에 대한 자연적 방어막 역할을 합니다. **자산 가치 상승 잠재력** 장기적 관점에서 부동산은 지속적인 가치 상승을 통해 자산 증식의 핵심 수단이 됩니다. 부동산 투자는 단순한 자산 증식을 넘어 노후 생활의 질을 결정하는 중요한 요소입니다. 특히 연금만으로는 충분한 노후 준비가 어려운 현실에서, 부동산은 안정적인 추가 수입원을 제공합니다.

기본 모델	고급 모델 [PLUS]	프리미엄 모델 [PRO]
✓ Flux Fast 1.1 Black Forest Labs	Flux Pro Black Forest Labs	DALL·E 3 OpenAI
Imagen 3 Fast Google	Ideogram 2 Turbo Ideogram	Flux Ultra Black Forest Labs
Playground 2.5 Playground	Imagen 3 Google	Ideogram 2 Ideogram
	Leonardo Phoenix Leonardo	Recraft Recraft
		Recraft 벡터 일러스트레이션 Recraft

⑤ 고급 모델을 선택하면 한 페이지에서 모든 설정을 한눈에 조정할 수 있습니다.
⑥ 모든 항목을 설정한 후, [생성] 버튼을 클릭하면 슬라이드가 완성됩니다.

프레젠테이션 완성하기

① 완성된 프레젠테이션: 앞에서 선택한 내용을 반영해 프레젠테이션이 완성되었습니다.
② [개요 보기] 기능: 전체 슬라이드를 한눈에 확인하고, 원하는 슬라이드로 빠르게 이동할 수 있습니다.
③ 툴바 기능: 툴바에는 슬라이드에 추가할 수 있는 다양한 요소가 준비되어 있습니다.

Gamma 툴바 기능

Gamma의 툴바에는 프레젠테이션을 쉽고 빠르게 구성할 수 있도록 다양한 콘텐츠 블록과 디자인 도구가 제공됩니다. 아래는 각 주요 기능에 대한 설명입니다.

| 카드
템플릿 | Gamma의 슬라이드는 '카드' 단위로 구성하며, 자주 사용하는 레이아웃은 카드 템플릿 형태로 제공됩니다.제목+내용, 이미지+텍스트, 리스트형 등 다양한 템플릿이 마련되어 있어, 빠르게 구조를 잡을 수 있습니다. | 📇 카드 템플릿
템플릿 디자인 사용해 새 카드 만들기.

기본

빈 카드 /new · 이미지 및 텍스트 · 텍스트 및 이미지
2개의 열 · 제목 있는 2개의 열 · 3개의 열 |

스마트 레이아웃	콘텐츠를 추가하면 자동으로 정렬과 배치를 맞춰주는 기능입니다. 사용자가 디자인에 신경 쓰지 않아도 깔끔하고 일관된 구성이 유지됩니다. 예: 이미지 3장을 넣으면 자동으로 3단 구성으로 배치됨.	열 [2개 열 /columns] [3개 열] [4개 열] 빈 레이아웃 [글머리 기호 레이아웃(빈칸)] [텍스트 상자 레이아웃(빈칸)] [텍스트 레이아웃 있는 이미지(빈칸)] [텍스트 레이아웃 있는 아이콘(빈칸)] [타임라인 레이아웃(빈칸)] [화살표 레이아웃(빈칸)]
기본 블록	텍스트, 리스트, 구분선, 인용문, 코드 블록 등 기초적인 콘텐츠 요소를 삽입할 수 있습니다. 직관적인 편집이 가능하며, 마크다운 문법과도 호환됩니다.	텍스트 [T 제목 ! Title] [H1 제목 1 # Heading 1] [H2 제목 2 ## Heading 2] [H3 제목 3 ### Heading 3] [H4 제목 4 #### Heading 4] [인용구 > Quote] 테이블 [2×2 테이블 /table] [3×3 테이블] [4×4 테이블]
이미지	로컬 이미지 업로드는 물론, 이미지 소스(Unsplash 등)에서 바로 검색해 삽입할 수 있습니다. 이미지 크기, 위치, 스타일 조정도 툴바에서 간편하게 설정할 수 있습니다.	[이미지 업로드 또는 URL] [웹 이미지 검색] [AI 이미지] [Unsplash 이미지] [GIPHY의 GIF] [픽토그래픽 일러스트레이션]
동영상 및 미디어	유튜브, 비메오 등 외부 영상 링크를 붙여 슬라이드 내에 직접 재생 가능한 영상을 삽입할 수 있습니다. GIF나 오디오 삽입도 가능해서 역동적인 프레젠테이션 구성에 유리합니다.	[갤러리 /gallery] [동영상 또는 오디오 URL] [Loom 녹화] [YouTube 동영상] [Vimeo 동영상] [Wistia] [TikTok] [Spotify]
앱 및 웹 페이지 임베딩	트위터, 구글 맵, Figma, Miro, Typeform 등 다양한 웹 서비스 콘텐츠를 직접 슬라이드에 삽입할 수 있습니다. 실시간으로 업데이트되는 콘텐츠도 바로 반영되어 인터랙티브한 발표가 가능합니다.	[웹 페이지 또는 앱] [Gamma embed] [PDF 파일] [Google Drive] [Figma] [Instagram] [Tweet] [Miro 보드] [Airtable]

		차트		
차트 및 다이어그램	기본적인 막대 차트, 선형 차트, 원형 차트뿐 아니라, 간단한 순서도, 조직도, 프로세스 다이어그램도 만들 수 있습니다. Chart.js 기반으로 정적인 시각화보다 더 동적인 데이터 표현이 가능합니다.	세로 막대형 차트 / 막대형 차트 / 꺾은선형 차트 파이 차트 / 도넛형 차트 다이어그램 빈 다이어그램 /diagram / 플라이휠 다이어그램 / 2×2 매트릭스 다이어그램		
양식 및 버튼	발표 도중 피드백을 받거나, 클릭 가능한 버튼을 삽입해서 링크 연결, 설문 참여 등을 유도할 수 있습니다. Typeform, Google Form 등의 외부 양식도 삽입 가능해 참여형 발표가 가능합니다.	버튼 / Airtable / Calendly Typeform / Jotform / Google Form Tally Form		

프레젠테이션 다운로드하기

① PPT 파일로 다운로드하기 위해 오른쪽 상단의 [⋯] → [내보내기]를 선택합니다.

② 내보내기 창에서 [PowerPoint로 내보내기]를 다시 선택하면, PPT 파일이 완성됩니다.

프레젠테이션 열기

다운로드한 파일은 파워포인트에서 열어 부분 편집도 가능합니다. 이처럼 강의 안도 손쉽게 완성할 수 있습니다. 이제 주제만 정하면 누구나 쉽게 프레젠테이션을 만들 수 있습니다. 하지만, 진정으로 돋보이는 자료를 만들기 위해서는 기본 틀을 바탕으로 더욱 세밀한 수정과 보완이 필요합니다.

Gamma로 경기 전망 프레젠테이션 디자인하기

 실습예제: 조선업 수출 동향.txt

이번에는 Gamma의 [텍스트 붙여 넣기] 기능을 활용해 프레젠테이션을 구성해보겠습니다. 사전에 준비된 자료가 있다면, 이 기능을 사용하는 것을 추천드립니다. AI는 데이터를 제공할수록 더 정확하고 완성도 높은 결과물을 만들어줍니다. 이 과정을 통해 효과적이고 완성도 높은 프레젠테이션을 손쉽게 완성할 수 있습니다. 이번에는 ChatGPT에 사용했던 예제를 그대로 Gamma에 넣어 결과물의 차이를 비교해보겠습니다.

작업 시작하기

① '텍스트로 붙여 넣기' 옵션을 선택합니다.

② 제공된 칸에 준비된 자료 내용을 붙여 넣습니다.
③ 이후, [계속] 버튼을 클릭합니다.

Gamma 프롬프트 편집기

① 쓰기 대상 설정
  프롬프트 편집기는 프레젠테이션의 발표 대상을 선택하는 기능입니다.
  예) 전문가, 투자자, 정책 결정자, 조선업 관련 학생 등
② 톤 설정
  프레젠테이션의 내용에 맞는 톤이 자동으로 설정됩니다. 또한, 원하는 디자인 스타일을 직접 입력해서 지정할 수도 있습니다.

프레젠테이션 디자인하기

① 다음 창에서 테마를 선택합니다. 다양한 테마 옵션을 통해 원하는 스타일을 설정할 수 있습니다.

선택한 테마로 프레젠테이션이 완성되었습니다.

② 파일로 다운로드하려면 오른쪽 상단의 […] → [내보내기]를 클릭합니다.
③ [Powerpoint로 내보내기]를 클릭해서, PPT 파일로 다운로드합니다.

파워포인트에서 추가 디자인하기

① 파워포인트에서 다운로드 된 파일을 오픈합니다.

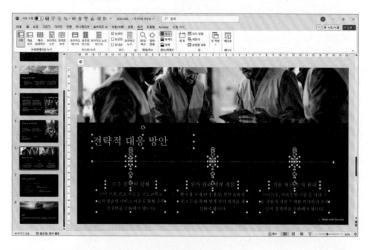

② 이미지를 선택한 후, 오른쪽 버튼을 클릭합니다.
③ [그룹] → [그룹 해제]를 선택하면 이미지와 텍스트가 분리되어 텍스트 수정이 가능합니다.

이처럼 Gamma의 생성, 텍스트 붙여 넣기, 파일 가져오기 기능을 활용하면 쉽고 빠르게 프레젠테이션을 완성할 수 있습니다.

Gamma는 단순히 작업 속도를 높여주는 도구를 넘어, 창의력을 발휘할 수 있도록 다양한 기능과 편리한 도구들을 제공합니다. 간편한 사용성과 강력한 기능 덕분에 누구나 전문적인 결과물을 손쉽게 만들 수 있으며, 특히 짧은 시간 안에 고품질의 프레젠테이션을 제작해야 하는 상황에서 매우 유용합니다.

기본적인 초안만 있어도 디자인, 레이아웃, 스타일 등을 간편하게 추가할 수 있어 시간 효율성을 극대화할 수 있습니다. 무엇보다 Gamma는 작업을 유연하게 수정하고 꾸밀 수 있는 에디터 기능과 AI 기반 콘텐츠 제작 지원까지 제공해, 결과물의 퀄리티를 한층 높일 수 있도록 도움을 줍니다.

엄쌤의 tip

기존에 작업한 파일이 있다면, Gamma에 업로드해서 프레젠테이션으로 손쉽게 재구성할 수 있습니다.
파일을 업로드하는 방법은 다음과 같습니다.
파일 업로드: PPTX, Word, PDF 파일을 직접 업로드
드라이브에서 가져오기: Google Slides 또는 Google Docs에서 불러오기
URL에서 가져오기: 웹 페이지, 블로그 글, 공개된 Notion 문서에서 내용 가져오기

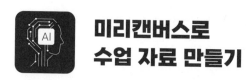

미리캔버스로
수업 자료 만들기

미리캔버스는 국내에서 개발된 웹 기반 디자인 툴로, 저작권 걱정 없이 누구나 간편하게 활용할 수 있습니다. 디자인 경험이 없는 초보자도 손쉽게 텍스트를 수정하거나, 이미지를 수정해서 퀄리티 높은 디자인 작업을 완성할 수 있습니다. 기존에는 효과적인 프레젠테이션을 만들기 위해 적절한 템플릿을 고른 뒤, 내용을 일일이 입력해야 했습니다. 이 과정은 많은 시간과 노력이 필요한 작업이었습니다. 하지만 미리캔버스의 AI 프레젠테이션 생성 서비스는 이러한 번거로움을 줄이고, 제작 시간을 획기적으로 단축해줍니다.

미리캔버스의 AI 프레젠테이션 생성 서비스는 사용자가 주제, 슬라이드 수, 원하

https://www.miricanvas.com

는 템플릿을 선택하면, Claude 3 Sonnet 모델을 활용해 고품질 콘텐츠를 자동으로 작성하고, 선택한 템플릿에 적절히 배치해 즉시 발표 가능한 프레젠테이션을 제공합니다.

미리캔버스 요금제(2025년 3월 기준)

요금제	무료(Free)	Pro
가격	₩0	₩14,900/월
템플릿 사용	3만 개 이상의 무료 템플릿	제한 없이 프리미엄 템플릿 사용
사진 & 그래픽	35만 개 이상의 무료 사진 및 그래픽	제한 없이 프리미엄 사진 및 그래픽 사용
공유 드라이브	1개 제공	10개 제공
저장 공간	1GB	10GB
브랜드 관리	제공 안 됨	브랜드 키트 최대 10개 (로고, 색상, 글꼴 관리)
기타 기능	워크스페이스 멤버 초대 가능	사진 배경 제거, 댓글 모드, 실시간 커뮤니케이션

미리캔버스에 무료 회원가입을 하고, 로그인합니다.

AI 프레젠테이션 제작하기

① 대시보드 왼쪽 상단의 [새 디자인 만들기]를 클릭한 후, [프레젠테이션]을 클릭합니다.

② [AI도구]를 클릭합니다.
③ [프레젠테이션의 시작을 더 쉽게]를 클릭합니다.

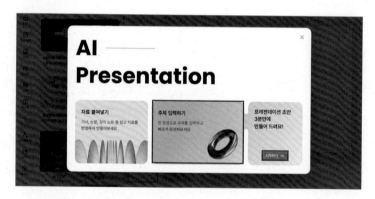

④ AI Presentation 창이 나타납니다.
- 자료 붙여 넣기: 준비된 기사, 논문, 강의 노트 등 참고 자료를 입력하면, AI가 해당 내용을 반영해서 자동으로 프레젠테이션을 생성해줍니다.
- 주제 입력하기: 한 문장으로 간단히 주제를 입력하면, AI가 이를 바탕으로 빠르게 프레젠테이션 초안을 작성합니다.

⑤ [주제 입력하기]–[시작하기]를 클릭합니다.
이번 예시에서는 초등학교 선생님들을 위한 수업 자료를 만들어보겠습니다.
프레젠테이션 주제로 초등학교 6학년 국어 과목의 '속담을 활용해요'를 선택했습니다.

⑥ 프롬프트에 '속담 활용 및 의미 이해'를 입력합니다.
⑦ 원하는 슬라이드 장수는 12장을 선택합니다.
⑧ [개요 만들기]를 클릭합니다.

개요 수정하기

AI가 12장의 슬라이드 개요를 생성했습니다. 이 개요에는 제목 표지부터 결론까지 전체적인 흐름이 체계적으로 구성되어 있습니다. 이는 미리캔버스의 AI가 입력한 주제를 바탕으로 슬라이드 내용을 자동으로 구성한 결과입니다.

슬라이드의 순서와 내용은 자유롭게 변경할 수 있으며, 필요에 따라 페이지를 추가하거나 삭제할 수 있습니다. 생성된 내용이 적절하지 않거나 추가할 내용이 있다면, 이 창에서 직접 수정하세요.

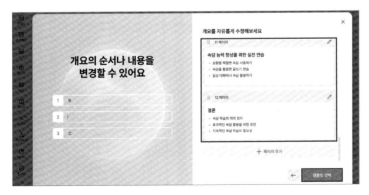

① 내용이 완성되었다면, [템플릿 선택]을 클릭합니다.

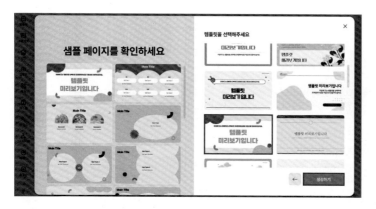

② 주제에 맞는 다양한 템플릿이 제공됩니다. 여기에서 주제와 잘 어울리는 템플릿을 선택합니다.
③ 하단의 [생성하기]를 클릭하면 프레젠테이션이 완성됩니다.

엄쌤의 tip

템플릿 선택 창에서 [전체 템플릿 사용하기]를 클릭하면 유료 회원가입 창으로 연결됩니다.

먼저 무료로 제공되는 템플릿을 활용해 작업해보시고, 이후 필요에 따라 유료 서비스를 이용해 더 많은 옵션을 활용하는 것을 추천합니다.

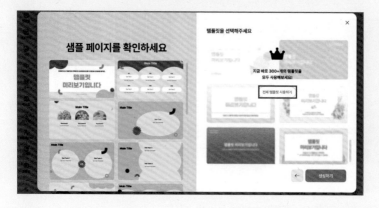

프레젠테이션 완성하기

몇 분의 시간이 흐르면 다음과 같이 프레젠테이션이 완성됩니다.

부분별 디자인은 모두 자유롭게 편집할 수 있습니다. 텍스트 박스를 확장하고 중앙 정렬을 적용한 상태입니다.

[테마] 기능을 활용하면 프레젠테이션의 색상 스타일을 손쉽게 변경할 수 있습니다.

① 왼쪽 탭 하단의 [테마]를 클릭합니다.
② 모든 테마 색상에서 원하는 테마 색상을 선택합니다. 슬라이드 전체의 컬러가 일괄 변경됩니다.

엄쌤의 tip

미리캔버스의 테마 컬러 수정은 특정 슬라이드에만 적용할 수도 있고, 전체 슬라이드에 동일한 테마를 적용할 수도 있습니다.
전체 슬라이드에 테마를 적용하려면 왼쪽 하단의 [모든 페이지에 적용] 버튼을 클릭하면 됩니다. 이를 통해 슬라이드의 전반적인 색상과 분위기를 간편하게 조정할 수 있습니다.

프레젠테이션 다운로드하기

작업한 파일을 원하는 형식으로 저장할 수 있습니다.

파일 형식은 이미지(JPG, PNG), 인쇄용 PDF, 프레젠테이션용 PPTX, 동영상 (MP4), 애니메이션 GIF 등 다양한 옵션이 제공됩니다. 원하는 형식을 선택해서 다운로드하면, 작업한 내용을 손쉽게 공유하거나 활용할 수 있습니다.

① 왼쪽 상단의 [다운로드]를 클릭합니다.
② [PPTX] 형식을 선택합니다.

③ [다운로드] 버튼을 클릭하면 파워포인트에서 편집 가능한 파일로 저장됩니다.

이렇게 생성된 파일은 파워포인트 프로그램에서 자유롭게 추가 수정 및 편집할 수 있습니다.

아래는 파워포인트에서 오픈한 화면입니다.

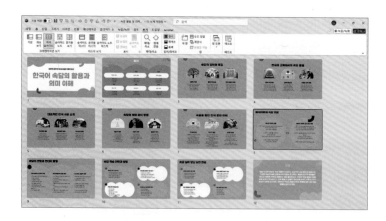

미리캔버스는 간편한 사용성과 강력한 AI 기능을 갖춘 도구로, 프레젠테이션 제작 과정을 획기적으로 간소화할 수 있습니다. 초보자부터 전문가까지 누구나 쉽게 활용할 수 있으며, 자동화된 AI 기능, 다양한 템플릿, 디자인 옵션을 통해 시간을 절약하면서도 고품질의 결과물을 얻을 수 있습니다.

특히, 주제 설정 → 레이아웃 추천 → 콘텐츠 생성 → 커스터마이징까지 단계별로 체계적인 작업 흐름을 제공해서 더욱 창의적이고 효과적인 프레젠테이션 제작이 가능합니다. 디자인 경험이 없어도 자신만의 스타일을 살린 독창적인 자료를 손쉽게 완성할 수 있습니다.

Felo로
건강 프레젠테이션 만들기

이번에는 Felo AI를 활용해서 프레젠테이션을 만들어보겠습니다.

이 도구는 AI 기반 검색, 문서 생성, 데이터 분석 기능을 갖추고 있어 프레젠테이션 제작, 파일 분석, AI 채팅 등을 지원합니다. AI가 슬라이드를 자동으로 구성하며, 주제에 맞는 콘텐츠를 정리하고 핵심 문장을 효과적으로 구성할 뿐만 아니라, 완성도 높은 디자인까지 제공합니다. 이를 통해 정보 검색과 문서 작업, 디자인 완성까지 더욱 효율적으로 수행할 수 있어 연구자, 직장인, 학생들에게 특히 유용합니다.

https://felo.ai

Felo 요금제(2025년 3월 기준)

요금제	기본(무료)	월간 구독	연간 구독(16% 할인)
가격	무료(영구적)	$14.99/월	$12.5/월($149.99/년)
검색 기능	무제한 고속 검색	하루 300회 전문 검색	하루 300회 전문 검색
파일 분석	하루 3회 가능	무제한 분석 (최대 200만 단어 지원)	무제한 분석 (최대 200만 단어 지원)
고급 AI 모델 사용	제공 안 됨	GPT-4o, Claude 3.7 Sonnet 사용 가능	GPT-4o, Claude 3.7 Sonnet 사용 가능
파일 업로드	제공 안 됨	주제당 50개 파일 업로드 가능	주제당 50개 파일 업로드 가능

자료 검색하기

이번 프레젠테이션은 최근 높은 관심을 받고 있는 '저속 노화'를 주제로 구성해 보겠습니다.

① 검색창에 '저속노화'를 입력한 후, 오른쪽 화살표를 누릅니다.

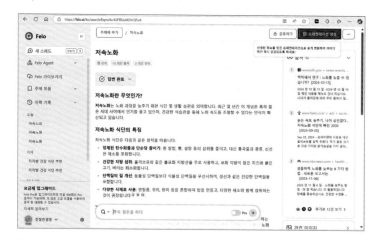

② 검색 결과가 화면에 표시됩니다. 내용을 확인 후 [프레젠테이션 생성] 버튼을 클릭합니다.

③ 검색된 정보는 마인드맵 형식으로 자동 구성됩니다.
④ 이 단계에서 내용을 자유롭게 편집할 수 있으며, 확인이 완료되면 [다음 →] 버튼을 클릭합니다.

프레젠테이션 디자인하기

① 이제 템플릿 중에서 주제와 어울리는 디자인을 선택하고, [PPT 생성] 버튼을 누릅니다.

② 그러면 위와 같이 프레젠테이션이 자동으로 완성됩니다. [다운로드] 버튼을 클릭하세요.

③ 다운로드 창에서는 PPT, 이미지, PDF 중 원하는 파일 형식을 선택할 수 있습니다. PPT를 선택한 경우, '텍스트 편집 가능'을 선택한 후, [다운로드]를 다시 클릭합니다.

아래는 파워포인트에서 오픈한 화면입니다.

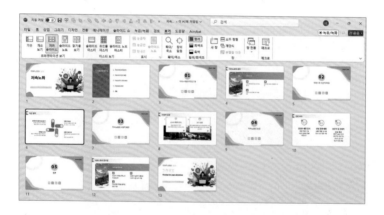

최종적으로 '텍스트 편집 가능' 옵션으로 다운로드한 파일을 파워포인트에서 열어, 원하는 대로 내용을 보완하고 완성합니다.

Canva와 연동하기

Felo에서 완성한 프레젠테이션은 파워포인트 뿐만 아니라 Canva에서도 편집할 수 있습니다. Canva로 이동해 편집하면 다양한 디자인 요소와 폰트를 자유롭게 활용할 수 있어, 보다 풍부하고 세련된 프레젠테이션을 제작할 수 있습니다.

Felo의 프레젠테이션 제작 화면에서 [문서 보기]를 클릭하면 [Canva에서 편집] 버튼이 나타나며, 이를 선택하면 Canva로 자동 연결됩니다. 이후 Canva에서 원하는 디자인을 자유롭게 수정하고 완성할 수 있습니다.

* 이 기능을 이용하려면 Felo AI와 Canva 양쪽 모두에 회원가입이 되어 있어야 합니다.

Canva는 디자이너가 아니더라도 누구나 시각적으로 매력적인 콘텐츠를 손쉽게 제작할 수 있도록 도와주는 강력한 도구입니다. 여기에 Felo를 함께 활용하면, 아이디어 기획부터 슬라이드 구조 구성, 디자인 완성까지 프레젠테이션 제작의 전 과정을 더 빠르고 효율적으로 진행할 수 있습니다.

Felo를 통해 주제에 맞는 핵심 메시지와 구성안을 먼저 도출하고, 슬라이드 초안을 자동으로 생성할 수 있습니다. 이후 Canva에서 해당 초안을 기반으로 브랜드 콘셉트와 디자인 스타일을 반영하면 짧은 시간 안에 완성도 높은 발표 자료를 손쉽게 완성할 수 있습니다.

기획 아이디어가 막힐 때나 디자인 작업이 부담스러울 때, 이 두 도구의 조합은 최고의 해결책이 될 수 있습니다.

망고보드 AI로
신제품 프레젠테이션 만들기

망고보드는 웹에서 바로 사용할 수 있는 온라인 콘텐츠 제작 도구로, 프레젠테이션, 카드뉴스, 포스터, 인포그래픽 등 다양한 시각 자료를 손쉽게 제작할 수 있는 플랫폼입니다. 디자인 경험이 없는 사람도 직관적인 인터페이스와 풍부한 템플릿, 그래픽 요소를 활용해 전문가 수준의 결과물을 만들 수 있어 많은 사용자들에게 사랑받고 있습니다.

최근에는 AI 기능이 더해지면서 콘텐츠 제작의 효율성이 눈에 띄게 향상되고 있습니다.

https://www.mangoboard.net

망고보드 AI 요금제(2025년 3월 기준)

요금제	무료	학생	일반	프로
가격	0원	15,000원/월	29,000원/월	49,000원/월
배경제거(누끼) 개체 분리	3회/1일	5회/1일	20회/1일	제한 없음
화질 개선 AI 자유개	5회/1일	10회/1일	20회/1일	제한 없음
영역 확장	3회/1일	10회/1일	20회/1일	제한 없음
얼굴 교체 개체 교체	3회/1일	10회/1일	30회/1일	50회/1일
상품 배경 변경 텍스트 꾸미기	3회/1일	10회/1일	30회/1일	50회/1일
문서 추출	5회/1일	제한 없음	제한 없음	제한 없음
AI 이미지 만들기 문장 만들기 표 만들기	5회/1일	10회/1일	30회/1일	50회/1일
텍스트 꾸미기	3회/1일	10회/1일	30회/1일	50회/1일
AI 디자이너	–	5회/1일	10회/1일	20회/1일

망고보드는 대표적으로 3가지 AI 기능을 제공하는데, 바로 사진 편집 AI, 이미지 생성 AI, AI 디자이너입니다.

먼저, 사진 편집 AI는 배경 제거, 영역 확장, 개체 분리, 얼굴 교체 등 다양한 고급 편집 기능을 지원해서 이미지 작업 시간을 크게 줄여줍니다.

이미지 생성 AI는 연령대별 모델 이미지를 실사 수준으로 생성할 수 있을 뿐 아니라 캐릭터, 음식, 장면, 로고 등 다양한 시각 자료를 프롬프트 입력만으로 손쉽게 만들어낼 수 있습니다.

또한 AI 디자이너는 사용자가 주제어만 입력하면, 망고보드의 템플릿을 기반으로 자동으로 홍보물을 제작해주는 기능으로, 특히 마케팅이나 홍보 콘텐츠 제작에 매우 유용합니다.

이러한 기능을 활용하면 디자인과 콘텐츠 작업의 생산성을 크게 높일 수 있습니다. 이처럼 망고보드는 전통적인 콘텐츠 제작 기능에 AI 기술을 더해, 더 쉽고, 더 빠르고, 더 스마트하게 자료를 만들 수 있는 통합형 디자인 플랫폼으로 진화하고 있습니다.

프레젠테이션 표지 만들기

망고보드에 회원가입을 하고, 로그인을 합니다.

① 화면 왼쪽 하단의 [시작하기]를 클릭합니다.
② 이어서 [빈 슬라이드]를 클릭합니다.

③ 상단 메뉴에서 [AI 디자이너]를 선택합니다.
④ 슬라이드 형태 중 [가로]를 클릭합니다.
⑤ 원하는 템플릿을 선택합니다.
⑥ 주제 입력란에 적용할 주제를 입력합니다.
　　예: '쇼핑몰', '신제품'
⑦ [이 내용으로 디자인] 버튼을 클릭합니다.

* 주제어 예시

입력한 주제에 맞춰 AI가 자동으로 디자인을 완성합니다.

완성된 슬라이드를 필요에 따라 다듬어 전문적인 수준의 프레젠테이션이 간편하게 완성됩니다.

프레젠테이션 만들기

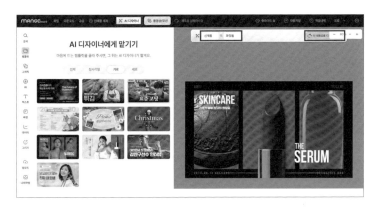

① 새로운 슬라이드를 추가한 후, 다시 한번 [AI 디자이너]를 클릭합니다.
② 원하는 템플릿을 선택합니다.
③ 주제 입력란에 '신제품', '화장품'과 같은 키워드를 입력합니다.
④ 이후 [이 내용으로 디자인] 버튼을 클릭하면, 슬라이드가 자동으로 완성됩니다.
  같은 방식으로 슬라이드를 계속 추가해나가면 일관된 스타일의 프레젠테이션을 손쉽게 완성할
  수 있습니다.

프레젠테이션 다운로드하기

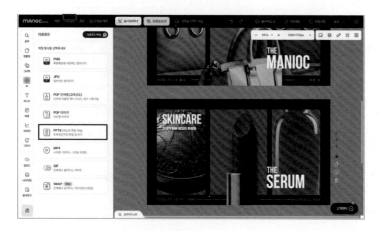

① 화면 상단의 [다운로드] 버튼을 클릭합니다.
② 파일 형식 중 [PPTX]를 선택하면, 파워포인트에서 편집 가능한 파일 형식으로 저장됩니다.

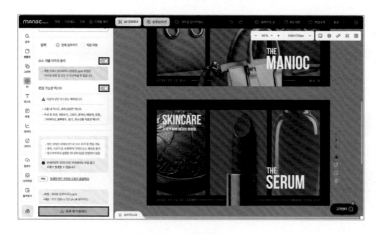

③ [요소 개별 이미지 분리]를 [ON]으로 설정합니다.
④ [편집 가능한 텍스트]도 [ON]으로 설정합니다.
⑤ 모든 설정을 마친 후, [동의 및 다운로드] 버튼을 클릭합니다.

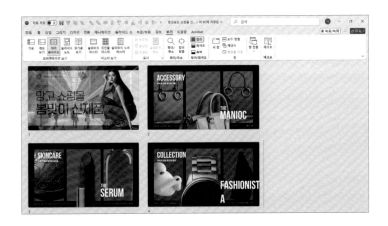

다운로드가 완료되면 파일을 파워포인트에서 열어, 원하는 내용으로 자유롭게
수정하고 보완해서 프레젠테이션을 완성하시면 됩니다.

프로

고급 개인 사용자
기업,공공기관,대학교,에이전시

4,200원

결제하기

망고보드의 AI 디자이너 기능은 유료 사용자만 이
용할 수 있는 기능입니다.
하지만 무료 회원도 '1일 프로 요금제'를 이용하면,
24시간 동안 모든 프로 기능을 자유롭게 사용할
수 있습니다.

망고보드 1일 요금제는 하루 4,200원의 저렴한 비
용으로 AI 디자이너는 물론, 프리미엄 템플릿, 고급 디자인 요소 등 모든 유
료 기능을 제한 없이 체험할 수 있는 방법입니다.
특정 작업이 있을 때나 단기간 집중 작업이 필요할 때 유용하게 활용할 수
있으므로, 필요한 시점에만 잠깐 유료 기능을 사용하는 것도 효율적입니다.

Napkin으로
의학 프레젠테이션 만들기

 실습예제: 이음테크_회사소개서[예시].docx

Napkin은 텍스트 입력만으로 인포그래픽, 다이어그램, 플로우차트 등 다양한 시각 자료를 자동 생성하는 AI 기반 문서 편집 도구입니다.

프롬프트 없이도 직관적인 인터페이스를 통해 누구나 손쉽게 전문적인 프레젠테이션 자료를 만들 수 있으며, 아이콘·도형·차트 등 시각 요소도 자유롭게 편집할 수 있습니다. 완성된 자료는 PNG, PDF, SVG로 저장하거나 링크로 공유할 수 있어, 발표 준비가 한층 더 유연해집니다. 또 Google Slides, PowerPoint, Keynote 등 다양한 프레젠테이션 툴과 자연스럽게 연동됩니다.

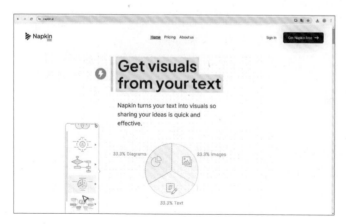

https://www.napkin.ai

빠른 프로토타이핑, 개념 설명, 구조 정리에 효과적이며, 실시간 협업과 댓글, 하이라이트 기능도 지원해 팀 프로젝트에 최적화되어 있습니다. 현재 베타 버전은 전 기능을 무료로 제공하며, 교육자, 마케터, PM 등 발표가 잦은 전문가들 사이에서 높은 만족도를 얻고 있습니다. 아이디어를 빠르게 시각화하고, 한눈에 이해되는 프레젠테이션 자료를 만들때 최적의 도구입니다.

Napkin 요금제(2025년 3월 기준)

요금제	무료

Napkin 프로세스 만들기

Napkin에 회원가입을 하고, 로그인을 합니다.

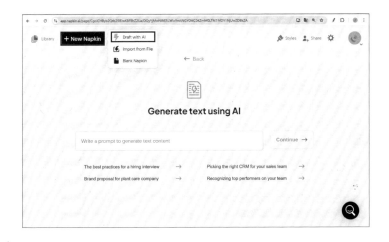

① [New Napkin] - [Draft with AI]를 클릭합니다.

- Draft with AI : 사용자가 텍스트를 입력하면, AI가 이를 자동으로 해석해 시각적 요소를 생성하는 도구입니다. 입력된 텍스트를 기반으로 다양한 비주얼이 생성되며, 사용자는 이 중 가장 적합한 것을 선택할 수 있습니다.
- Import from File : 기존에 작성된 문서나 콘텐츠를 Napkin으로 가져올 수 있는 기능입니다. 사용자는 자신의 기존 텍스트 콘텐츠를 복사해서 붙여 넣기 하거나 파일을 직접 업로드할 수 있

습니다. 해당 내용에 대한 시각적 요소를 생성할 수 있습니다.
- Blank Napkin : 사용자에게 빈 캔버스를 제공해서, 창의적으로 아이디어를 스케치하고 자유롭게 작업할 수 있는 공간입니다. 이 기능은 작업의 유연성을 보장하며, 자신의 필요에 따라 텍스트, 이미지, 도형 등을 추가하고 조정할 수 있습니다.

Draft with AI 활용하기

이번에는 Napkin을 활용해 '성인병 예방'을 주제로 한 프레젠테이션을 제작해 봅니다.

① 다음과 같이 프롬프트를 입력합니다.
   예시: '성인병 예방을 위한 3가지 방법'
② [Continue] 버튼을 클릭합니다.

③ Napkin 화면이 나타나며, 입력한 주제에 대한 콘텐츠가 자동으로 생성됩니다.
④ 그중 시각화하고 싶은 내용을 드래그한 뒤 [Generate Visuals] 버튼을 클릭합니다.

⑤ 다양한 비주얼 시안이 나타나면, 그중 마음에 드는 것을 선택합니다.
⑥ 선택한 비주얼이 Napkin에 추가됩니다.

⑦ 추가된 비주얼은 텍스트를 수정하거나, 색상과 선 굵기 등을 자유롭게 변경할 수 있습니다.

Import from File 활용하기

'Import from File' 기능을 활용하면, 기존에 작성된 문서나 콘텐츠를 Napkin 으로 불러와 시각화할 수 있습니다.

사용자는 보유한 텍스트 파일을 직접 업로드해서, 손쉽게 아이디어 정리와 프레젠테이션 제작을 진행할 수 있습니다.

이번에는 샘플로 만든 가상의 회사 소개서를 업로드해서, Napkin을 통해 프레젠테이션을 구성해보겠습니다.

① [New Napkin]을 클릭한 후, [Import from File]을 선택합니다.
② [Import text from a file] 창에서 기존 파일을 업로드합니다. 업로드 가능한 파일 형식은 TXT, DOCX, PDF, PPTX, MD, HTML입니다.

③ 업로드가 완료되면, 문서 내용이 자동으로 추가됩니다.
④ 시각화하고 싶은 내용 위에 마우스를 올리고, [Generate Visuals] 버튼을 클릭합니다.

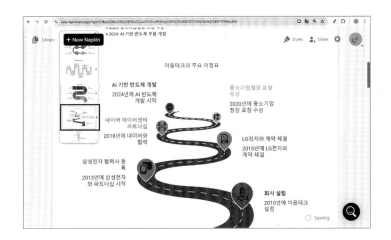

⑤ 다양한 시각화 스타일이 표시되면, 원하는 스타일을 선택합니다.

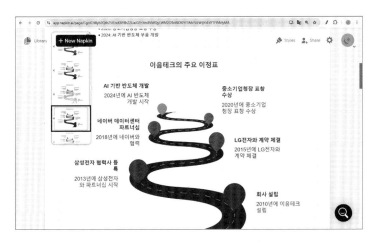

⑥ 선택한 비주얼이 Napkin에 추가됩니다.

개별적으로 비주얼을 추가하면 전체적인 디자인 스타일이 일관되지 않을 수 있습니다.

그럴 때는 다음 단계를 통해 스타일을 통일할 수 있습니다.

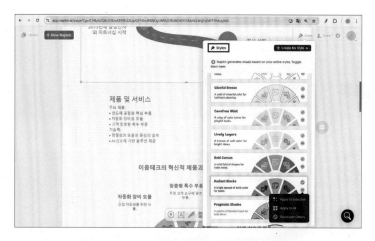

⑦ [Style]을 클릭한 후, 원하는 스타일을 선택해서 체크합니다.

⑧ [...] 버튼의 [Apply to All]을 선택합니다.

추가된 모든 비주얼이 동일한 스타일로 적용됩니다.

⑨ 완성된 Napkin은 [Share] 버튼을 눌러 PDF로 다운로드하거나, 링크를 통해 공유할 수 있습니다.

파워포인트에서 편집하기

완성된 비주얼은 개별 저장해서 파워포인트에서 활용할 수 있습니다.

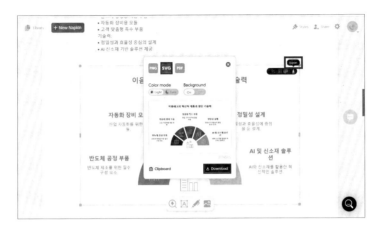

① 비주얼을 클릭한 후, [Export] 버튼을 누릅니다.
② 다운로드 가능한 파일 형식은 PNG, SVG, PDF입니다.
　프레젠테이션 편집을 위해 [SVG] 형식을 선택하겠습니다.

③ 다운로드한 SVG 파일은 파워포인트 슬라이드에 바로 삽입할 수 있습니다.
④ 이미지를 삽입한 뒤, [도형으로 변환]을 클릭하면 비주얼이 도형과 텍스트로 분리됩니다.
　이후 색상, 글꼴, 배치 등을 자유롭게 편집할 수 있어, 프레젠테이션 디자인을 더욱 정교하게
　다듬고 나만의 스타일로 커스터마이즈할 수 있습니다.

이처럼 Napkin을 활용하면 다양한 이미지와 프로세스를 쉽고 세련되게 완성할 수 있습니다.

복잡한 데이터와 아이디어도 시각적으로 간단하고 매력적으로 표현할 수 있어, 작업 시간을 줄이고 효율성을 높이는 데 효과적입니다. 초보자도 전문가 수준의 결과물을 만들 수 있을 만큼 직관적인 도구이며, 복잡한 개념도 누구나 명확하고 깔끔한 비주얼 자료로 정리할 수 있습니다.

Recraft로 프레젠테이션에 필요한 이미지 만들기

Recraft는 텍스트 설명을 기반으로 사용자가 원하는 이미지를 고품질로 생성할 수 있는 강력한 AI 도구입니다. 이 도구는 이미지 제작을 보다 쉽고 빠르게 해서 사용자의 창의적인 작업을 지원합니다. 텍스트로 간단히 설명을 입력하면, AI가 이를 해석해 실사용 가능한 수준의 고품질 이미지를 만들어냅니다.

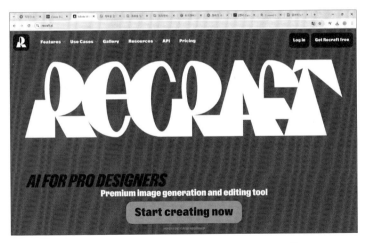

https://www.recraft.ai

Recraft 요금제(2025년 3월 기준)

요금제	Free	Basic	Advanced	Pro
가격 (월간 / 연간 결제 시)	$0	$12 / $10	$33 / $27	$60 / $48
월 제공 크레딧	일 50 크레딧 (약 1,500/월)	1,000 크레딧	4,000 크레딧	8,400 크레딧
이미지 공개 여부	공개	비공개	비공개	비공개
상업적 사용 권한	×	○	○	○
프롬프트당 생성 이미지 수	최대 2개	최대 4개	최대 4개	최대 4개
병렬 작업 수 (Concurrent Jobs)	없음	최대 10개	최대 10개	최대 10개
추가 크레딧 구매		400 크레딧 = $4	400 크레딧 = $4	400 크레딧 = $4
업로드 제한	하루 3회	제한 없음	제한 없음	제한 없음

Recraft로 이미지 만들기

Recraft를 이용해서 프레젠테이션에 사용할 이미지를 만들려면, 먼저 Recraft
에 회원가입을 하고 로그인을 합니다.

① 대시보드에서 [Create new project]를 클릭합니다.

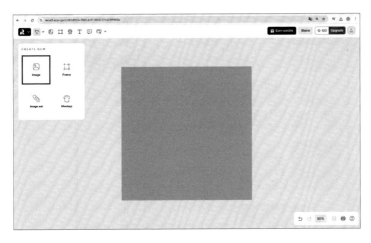

② 왼쪽 상단의 [Image]를 클릭합니다.

③ [Recraft] 창에 원하는 그림의 상황이나 배경을 프롬프트로 입력합니다.

예를 들어, '회의실에서 회의를 하고 있는 3명의 직원'과 같은 간단한 설명을 작성하면, AI가 이를 바탕으로 이미지 내용을 해석하고 2개의 이미지를 생성합니다.

* 세부적인 묘사가 포함될수록 원하는 결과에 가까운 이미지를 얻을 수 있습니다.

④ 다른 스타일의 이미지를 원할 경우, [Recraft V3 Raw] 버튼을 클릭합니다.

⑤ 스타일 창에서 원하는 스타일을 선택한 뒤 [Apply] 버튼을 클릭합니다.

⑥ 이후 [Recraft] 버튼을 다시 한번 클릭하면, 선택한 스타일에 맞는 새로운 이미지가 완성됩니다.

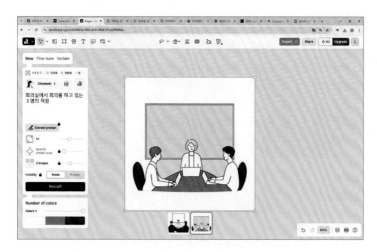

* 스타일을 바꿔 여러 번 시도하며 원하는 결과물이 나올 때까지 조정할 수도 있어, 프레젠테이션이나 다른 작업에 사용할 독창적이고 고품질의 이미지를 제작할 수 있습니다.

이미지 다운로드하기

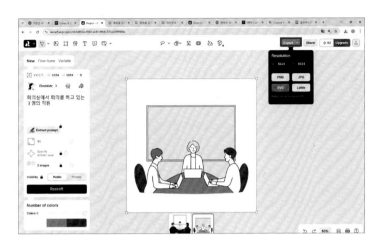

① [Export] 버튼을 클릭한 후, 원하는 형식을 선택해서 파일을 다운로드할 수 있습니다. Recraft는 PNG, JPG, SVG, Lottie 형식을 지원합니다.
② 이 중 파워포인트에서 벡터 편집 작업을 진행하고자 한다면, [SVG] 파일 형식으로 다운로드합니다.
  * SVG 파일은 개별 요소 편집이 가능해, 슬라이드 작업 시 더욱 유연하게 활용할 수 있습니다.

파워포인트에서 편집하기

다운로드한 SVG 파일은 파워포인트 슬라이드에 바로 삽입할 수 있습니다.

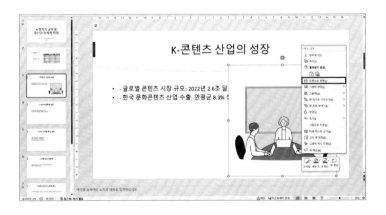

① 삽입된 이미지를 선택한 후, 마우스 오른쪽 버튼을 클릭해 [도형으로 변환]하면 색상이나 개별 요소를 자유롭게 편집할 수 있습니다. 이 기능을 활용하면 프레젠테이션 디자인을 더욱 자유롭게 커스터마이즈할 수 있고, 브랜드나 테마에 맞는 일관된 스타일 유지도 수월해집니다.

Recraft는 텍스트 프롬프트를 통해 간단히 이미지를 생성하면서도, 고급 편집 및 스타일 관리 기능을 제공하는 혁신적인 도구입니다. 디지털 콘텐츠 제작부터 인쇄물, 브랜드 디자인 등 다양한 영역에서 활용할 수 있으며, 시간을 절약하며 창의적인 결과물을 얻고자 하는 사용자들에게 많은 도움이 될 것입니다.

프레젠테이션 발표를 위한 스크립트 작성

실습예제: 2024 K-뷰티 수출현황 세미나(예시).pptx

프레젠테이션 기획을 마치고, 내용을 구성한 뒤 디자인까지 완성했습니다. 이전 작업보다 훨씬 빠르게 마무리되었죠. 이제는 발표의 시간입니다. 각 슬라이드에 맞춘 스크립트를 작성해야 합니다. 이 과정에서도 AI의 도움을 크게 받을 수 있습니다.

AI는 발표자가 원하는 말투를 자유롭게 설정할 수 있어, 친근한 느낌부터 전문적인 분위기까지 발표 스타일에 맞는 콘텐츠를 만들 수 있습니다. 또한 슬라이드의 흐름을 반영해 문장을 구성해주기 때문에 전체 발표 내용을 정리하거나 자연스럽게 연결하는 데 큰 도움이 됩니다. 발표 시간이 정해져 있다면, 5분이나 10분처럼 원하는 시간에 맞춰 도입부터 결론까지 간결하고 효과적으로 구성해주는 점도 강점입니다.

프레젠테이션의 3P

프레젠테이션에서는 발표의 전체 방향성과 전달력을 결정짓는 핵심 기준인 Purpose(목적), People(청중), Place(상황 또는 장소)의 3가지 요소를 반드시 고려해야 합니다.

- Purpose(목적)는 프레젠테이션을 통해 무엇을 이루고자 하는지에 대한

명확한 목표를 의미합니다.

- 예를 들어 정보를 전달하려는 것인지, 청중을 설득하려는 것인지에 따라 스크립트 구성 방식이 달라져야 합니다.
- People(청중)은 발표를 듣는 대상입니다.
- 청중의 연령대, 직무, 이해 수준 등을 고려해 전문용어의 사용 여부, 설명의 난이도, 말투 등을 조절해야 합니다.
- Place(상황 또는 장소)는 발표가 이루어지는 환경을 뜻합니다.
- 대면 회의, 온라인 웨비나, 교육 영상 등 발표 형식에 따라 시각 자료의 활용도와 말하기 방식이 달라질 수 있습니다.

AI를 활용해 스크립트를 작성할 때도 이 3가지 요소를 프롬프트에 반영하면 더욱 정교하고 목적에 부합하는 결과물을 얻을 수 있습니다.

예를 들어, "초보 직장인을 대상으로, 발표용 10분 스크립트를 전문가 톤으로 작성해줘"와 같이 요청하면, AI는 상황에 맞는 어휘 선택과 구조로 스크립트를 생성해줍니다.

발표 스크립트를 작성을 위한 똑똑한 프롬프트

1. 톤(Tone)
스크립트의 말투와 분위기를 정하는 단계입니다.

- 말하듯 자연스럽게 : 친구에게 이야기하듯 친근하고 편안한 말투
- 전문가처럼 신뢰감 있게 : 논리적이고 명확한 설명, 정보 전달 중심
- 밝고 경쾌하게 : 에너지 넘치고 유쾌한 분위기로 흥미 유도
- 친절하고 부드럽게 : 초보자나 연령대가 높은 청중에게 적합한 어조

톤	프롬프트 예시
말하듯 자연스럽게	PPT 내용을 바탕으로, 마치 친구에게 설명하듯 자연스럽게 풀어낸 스크립트를 작성해줘.
전문가처럼 신뢰감 있게	청중에게 전문성을 전달할 수 있도록, 신뢰감 있는 어조와 정확한 정보 중심으로 스크립트를 써줘.
밝고 경쾌하게	전체 흐름을 밝고 경쾌한 톤으로 구성하고, 에너지 있고 유쾌하게 들릴 수 있도록 표현해줘.
친절하고 부드럽게	초보자도 이해할 수 있도록, 친절하고 부드러운 말투로 스크립트를 작성해줘.

2. 목적(Purpose)

스크립트를 활용하는 최종 목적에 따라 구성 방식이 달라집니다.

- 온라인 강의 : 학습 중심 구성, 설명과 실습 유도 포함
- 유튜브 영상 : 짧고 흥미롭게, 시청자와 소통하는 콘텐츠
- 제품/서비스 소개 : 기능과 장점을 강조하며 행동 유도
- 발표/세미나 : 핵심 내용을 조리 있게 전달하는 구성

목적	프롬프트 예시
온라인 강의	이 자료는 온라인 강의용이야. 강의 흐름에 맞춰 설명하고, 실습이나 적용 예시도 함께 넣어줘.
유튜브 영상	유튜브 영상용 스크립트야. 시청자의 흥미를 끌 수 있는 도입과 반응을 유도하는 멘트를 포함해줘.
제품/서비스 소개	제품을 소개하는 콘텐츠야. 문제 제기 → 해결책 → 제품 특징 → 행동 유도 흐름으로 구성해줘.
발표/세미나	세미나에서 발표할 내용이야. 슬라이드 흐름에 맞춰 조리 있게 설명하고, 핵심 내용을 강조해줘.

3. 대상 또는 상황(Context)

청중의 특성과 사용 환경에 맞는 구성도 중요합니다.

- 직장인 대상 : 실무 적용 중심, 핵심 요약 강조
- 초보자 대상 : 쉬운 설명과 단계별 안내 필요
- PPT 기반 발표 : 슬라이드 흐름에 따라 구조화
- 10분 분량 영상 : 도입-본론-마무리 구조로 간결하게 구성

대상/상황	프롬프트 예시
직장인 대상	직장인 대상 콘텐츠야. 실무에서 바로 활용할 수 있도록 핵심 요약과 적용 예시를 중심으로 스크립트를 작성해줘.
초보자 대상	초보자도 이해할 수 있도록 쉽게 설명하고, 전문 용어는 간단히 풀어주는 방식으로 스크립트를 구성해줘.
PPT 기반 발표	PPT 슬라이드를 기반으로, 각 슬라이드에 맞춘 스크립트를 순차적으로 작성해줘.
10분 분량 영상	10분 분량의 영상 콘텐츠용 스크립트야. 도입 - 본론 - 마무리 구조로 자연스럽게 구성해줘.

스크립트를 잘 짜는 AI는 ChatGPT와 Claude입니다.
ChatGPT와 Claude에 각각 예제 PPT 파일을 업로드해서 프레젠테이션에 관한 스크립트 작성을 요청해보겠습니다.

발표 스크립트에 필요한 AI

ChatGPT와 Claude

ChatGPT는 프레젠테이션 스크립트를 작성할 때 매우 유용한 AI 도구입니다. 사용자는 발표 목적, 청중의 특성, 말투 등 원하는 요소를 포함한 프롬프트를 입력하면, ChatGPT는 그에 맞는 자연스럽고 구조화된 스크립트를 빠르게 생성해줍니다.

Claude는 자연스러운 문장 생성과 맥락 이해 능력이 뛰어나 발표 스크립트 작성에 매우 유용합니다. 특히 긴 문서나 복잡한 구조의 자료를 처리하는 데 강점

을 가지며, 발표자의 의도를 잘 파악해 유연하고 품격 있는 스크립트를 생성할
수 있습니다.

프롬프트 예시	PPT 슬라이드를 기반으로, 각 슬라이드에 맞춘 스크립트를 순차적으로 작성해줘. 청중에게 전문성을 전달할 수 있도록, 신뢰감 있는 어조와 정확한 정보 중심으로 스크립트를 써줘. 세미나에서 발표할 내용이야. 슬라이드 흐름에 맞춰 조리 있게 설명하고, 핵심 내용을 강조해줘.

2024 K-뷰티 수출현황 세미나 스크립트

2024 K-뷰티 수출현황	**슬라이드 1. 타이틀 – 2024 K-뷰티 수출현황** 안녕하십니까. 지금부터 2024년 K-뷰티 수출현황에 대해 말씀드리겠습니다. 본 세미나는 한국 화장품 산업의 글로벌 성과를 조망하고, 향후 수출 전략의 방향성을 제시하고자 준비되었습니다.
	**슬라이드 2. 개요** 2024년은 K-뷰티 산업에 있어 매우 뜻깊은 해였습니다. 대한민국 화장품 수출액이 사상 최초로 100억 달러를 돌파하며, 세계 시장에서의 K-뷰티 위상을 다시 한번 입증했습니다. 이번 보고서는 주요 수출 실적 변화, 국가별 수출 동향, 신흥 유망 시장의 부상, 그리고 중소기업의 수출 기여도 이 4가지 측면을 중심으로 분석했습니다.
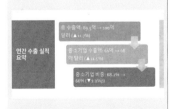	**슬라이드 3. 연간 수출 실적 요약** 먼저 전체 수출 실적입니다. 2024년 총수출액은 전년 대비 11.7% 증가한 100억 달러를 기록했습니다. 특히 중소기업의 수출액은 61억 달러에서 68억 달러로 증가하며 11.5%의 성장률을 나타냈습니다. 다만, 전체 수출에서 중소기업이 차지하는 비중은 68.2%에서 66%로 소폭 하락했습니다. 이는 대기업의 수출 회복과 프리미엄 시장의 확장이 반영된 결과로 해석할 수 있습니다.

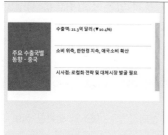

슬라이드 4. 주요 수출국 동향 – 중국

다음은 주요 수출국별 동향입니다.

먼저 중국입니다. 2024년 중국 수출액은 21.3억 달러로, 전년 대비 10.4% 감소했습니다. 이는 중국 내 소비 위축, '한한령' 지속, 그리고 애국 소비 트렌드의 확산에 기인한 것으로 보입니다.

따라서 중국 시장에 대한 지나친 의존에서 벗어나, 로컬화 전략 강화 및 대체 시장 발굴이 시급한 과제로 대두되고 있습니다.

이제 발표 스크립트 작성은 더 이상 막막하거나 부담스러운 일이 아닙니다. ChatGPT와 Claude 같은 인공지능 도구를 적절히 활용하면, 복잡한 구조의 발표도 훨씬 쉽고 빠르게 정리할 수 있습니다. 핵심은 '어떻게' AI에게 요청하느냐 하는 것입니다.

발표의 목적, 청중의 특성, 말투 등 핵심 요소를 반영한 프롬프트만 잘 구성하면, AI는 그에 맞는 스크립트를 정교하고 체계적으로 생성해줍니다. 전달하고자 하는 메시지를 더 설득력 있게 표현하고 싶을 때, 정해진 시간에 맞춰 발표 분량을 조절해야 할 때, 청중의 이해 수준에 맞게 말투와 표현을 조정하고 싶을 때, 이 모든 상황에서 AI는 강력한 조력자가 되어줍니다. 반복적인 수정 과정도 한결 수월해지고, 발표자의 아이디어를 더욱 명확하고 논리적으로 정리할 수 있습니다.

그러나 반드시 기억해야 할 중요한 점이 있습니다. AI는 어디까지나 도구일 뿐, 청중의 공감과 주의를 끌어내는 힘은 결국 발표자 본인의 진심 어린 전달력과 표현력에서 나옵니다. AI의 도움으로 완성도 높은 스크립트를 만들 수는 있지만, 그 문장에 생명력을 불어넣고 메시지를 살아 있게 만드는 것은 바로 '당신'입니다. AI가 제안한 문장을 단순히 읽는 것을 넘어, 거기에 당신만의 말투와 진정성을 더하세요. 그래야 비로소 발표는 기술을 넘어, 사람의 마음에 닿는 강력한 메시지가 됩니다.

진짜 목소리는, 바로 당신입니다.

[AI 에이전트] 웍스
AI 업무 비서 알아보기

AI 에이전트는 사람처럼 지시를 이해하고 스스로 판단해 업무를 수행하는, 인공지능 기반의 디지털 도우미입니다. 단순히 명령을 수행하는 수준을 넘어 상황에 맞는 작업을 자동으로 처리하고 반복적인 업무를 효율적으로 자동화하는 것이 특징입니다. 예를 들어 이메일을 요약하거나 회의록을 자동으로 작성하고, 콘텐츠 초안을 제안하는 등의 작업이 가능합니다. 이처럼 AI 에이전트는 사용자의 업무를 도와주거나 대신 처리해주는 '스마트한 조수' 또는 '디지털 비서'로 사용자가 보다 창의적이고 전략적인 일에 집중할 수 있도록 돕습니다. 또한, 다양한 분야에서 생산성과 효율성을 높이는 데 큰 역할을 하고 있습니다.

https://www.wrks.ai

우리나라에서도 AI 에이전트 개발이 활발히 이루어지고 있습니다. 그중 웍스는 직장인을 위한 업무 특화 서비스로 주목받고 있습니다. 문서 작성, 번역, 파일 관리 등 실질적인 업무에 도움을 주며, GPT와 DeepL 기반 AI 엔진을 통해 대화 및 번역 작업을 지원합니다. 사업계획서나 제안서 같은 전문 문서 초안 자동 생성 기능, DOCX와 HWP 등 다양한 파일 형식 지원도 강점이고, 지속적인 기술 업데이트를 통해 사용자의 업무 효율을 높이고 있습니다. 자신의 목적과 상황에 맞게 선택해 활용하면 업무와 일상이 한층 더 편리해질 것입니다.

웍스 AI 요금제(2025년 3월 기준)

요금제	Starter	Basic	Pro	AGI
가격	무료	월 24,900원	월 49,900원	월 99,900원
GPT-4o 사용량	3시간당 16회	3시간당 80회	3시간당 160회	3시간당 320회
GPT-4o mini 사용량	3시간당 200회	3시간당 1,000회	3시간당 1,000회	3시간당 1,000회
나만의 비서 제공	최대 3개	최대 20개	최대 50개	최대 150개
문서 작성 (신규 프로젝트)	월 3개	월 15개	월 40개	월 100개
문서 작성(파트)	월 12개	월 60개	월 160개	월 400개
문서 번역	최초 1건 무료	월 2건	월 20건	월 50건
OCR 이미지 처리	월 10개	월 60개	월 200개	월 500개
사용자 요청 이미지 생성	월 10개	월 100개	월 250개	월 500개

웍스 AI 공식 비서의 종류

채팅 비서

신중한 똑쟁이
GPT-4o와의 대화, 코딩, 검색, 그림 생성, 사진 인식

티키타카 장인
GPT-4o mini와의 대화, 검색, 그림 생성, 코딩

문서 파일 검토
PDF 등 문서 올리고 내용 질문, 요약

데이터 분석
엑셀/CSV 올리고 분석, 편집 요청

키워드 검색
키워드만 넣으면 핵심 정보와 최신 소식 정리

뉴스 검색
키워드만 입력하면 최신 뉴스 정리해 제공

특수문자 제안
상황을 알려주면 적절한 특수문자를 추천해 드려요

세금 전문가
알고 싶은 세금에 대해 물어보면 기초적인 상담 제공

업무 비서

파워포인트 기획
사업 내용 주면 PPT 구성 제안

계약서 검토
상대방에게 받은 계약서 초안 검토

이메일 작성
내용만 주고 전문적인 이메일 작성

영문 이메일
내용 주고 영문 비즈니스 메일 작성

SQL 만들기
하고 싶은 분석을 자연어로 쓰면 SQL 쿼리문 초안 작성

엑셀 전문가
엑셀 사용 중 모르는 사항을 질문하면 대답해 줍니다

엑셀 함수 추천
적절한 엑셀 함수와 사용법 안내

엑셀 VBA 작성
필요한 업무 알려주면 코드 작성

계약서 검토
상대방에게 받은 계약서 초안 검토

이메일 작성
내용만 주고 전문적인 이메일 작성

영문 이메일
내용 주고 영문 비즈니스 메일 작성

문서로 PPT 기획
문서 올리면 내용 참고해 PPT 구성 초안 제공

엑셀 전문가
엑셀 사용 중 모르는 사항을 질문하면 대답해 줍니다

엑셀 함수 추천
적절한 엑셀 함수와 사용법 안내

엑셀 VBA 작성
필요한 업무 알려주면 코드 작성

번역 비서

문서 번역
PDF 등 문서 형식 유지한채 번역

본문 번역
본문 주고 원하는 언어와 톤으로 번역

영어 문구 교정
내가 쓴 영어 문구 주면 원어민 표현으로 고쳐드려요

한영 이메일 번역
한글로 주면 영어 이메일로 바꿔드려요

한영 메신저 번역
한글로 내용 주면 메신저 말투로 영어 번역

정리 비서

개조식 내용정리
본문이나 파일을 개조식으로 정리

내용 확장
원문 뜻 유지하며 2-3배 늘리기

내용 요약
2-3줄로 핵심만 간결하게 요약

한국어 문장 교정
내가 쓴 한글 문장 주면 띄어쓰기, 비문 등 완벽 교정

회의록 정리
회의 내용만 주면 깔끔 회의록 둑락

메모 정리
대충 적어 놓았던 메모 깔끔 정리

보고 비서	투자 전략 보고서	우리 회사 보고서	시장조사 보고서	보고서 초안 작성
	궁금한 시장/산업/종목 알려주면 기초 분석 제공	우리 회사 보고서 양식 주면 참고해 새 보고서 초안 작성	알고 싶은 시장 입력하면 시장조사 보고서 초안 제작	보고할 내용만 주면 보고서 형식으로 초안을 작성합니다
	패션 트렌드 분석	뷰티 트렌드 분석		
	검색을 바탕으로 최근 패션업 트렌드 조사	사용자가 요청하는 최근 뷰티 업계 트렌드 기초 조사		

그림 비서	클립아트 그림	실사/3D 그림	2D/애니 그림
	주제만 주면 상업적 이용 가능한 클립아트 이미지 제작	주제나 상황 주면 실사/3D 스타일 그림 제작	주제나 상황 주면 애니메이션 스타일 그림 제작

글쓰기 비서	블로그 작성	생활기록부 작성	투자 검토 노트 작성	자기소개서 작성
	친근한 MZ 스타일 블로그 쓰기	학생 특징/상황 주면 초안 제시	IR 자료 넣으면 투자 검토를 위한 간단 요약 노트 작성	취직/이직시 자기소개서에 담을 표현 작성을 도와드려요
	민원인 답변 작성	채용공고 작성	보도자료 작성	판매 멘트 작성
	민원 내용과 답변될 내용 주면 공식 회신 초안 작성	채용공고 작성 30분은 단축	보도자료 작성 1시간은 단축	팔아야 하는 상품과 특징만 알려주면 판매 멘트 써드려요
	투자 검토 노트 작성	자기소개서 작성	사주 도사	매체별 광고 카피
	IR 자료 넣으면 투자 검토를 위한 간단 요약 노트 작성	취직/이직시 자기소개서에 담을 표현 작성을 도와드려요	생년월일만 입력하시면 도사가 사주 봐드립니다	매체별 광고 베리칠 때 똑딱
	보도자료 작성	판매 멘트 작성	쇼핑몰 상세페이지	
	보도자료 작성 1시간은 단축	팔아야 하는 상품과 특징만 알려주면 판매 멘트 써드려요	내 상품 자랑 알아서 술술	

[파워포인트 기획] 비서

윅스의 공식 비서 중 [파워포인트 기획] 비서를 불러보겠습니다.

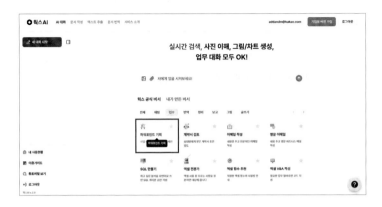

① 먼저, [파워포인트 기획] 프롬프트를 선택해주세요.
　이 비서는 파워포인트(PPT)를 기획하고 구성하는 데 필요한 프롬프트를 기반으로 작동합니다.

② PPT로 만들 사업 내용과 목적, 분량(대략 몇 장으로 할지) 등을 알려주면, 각 슬라이드 구성을 어떻게 할지 서로 제안하며 같이 만들게 됩니다.
　예시 : 대중에게 인공지능 교육의 중요성을 설득하기 위한 PPT, 5장

이와 같은 방식으로, 발표 자료의 구성과 내용이 자연스럽게 완성됩니다.

내가 만든 비서

웍스의 가장 큰 특징은 사용자가 직접 개인화된 AI 비서를 만들 수 있다는 점입니다. 나의 문체와 업무 스타일을 학습시켜, 자주 사용하는 문서 형식이나 이메일 톤, 프로젝트 체크리스트 등을 자동으로 생성할 수 있어 반복 업무를 크게 줄여줍니다.

이 AI 비서는 사용자의 루틴을 학습하고, 상황에 맞는 결과물을 신속하게 제공해주는 디지털 업무 파트너 역할을 합니다. 문서 작성, 요약, 번역, 이미지 생성, 기획 등 다양한 작업에 활용할 수 있는 전문 프롬프트와 템플릿도 기본 제공되며, 복잡한 설정 없이 바로 사용할 수 있습니다.

특히 무료 플랜에서도 주요 기능을 넉넉하게 체험할 수 있어, AI 도입을 고민 중인 개인이나 소규모 팀도 쉽게 시작할 수 있습니다.

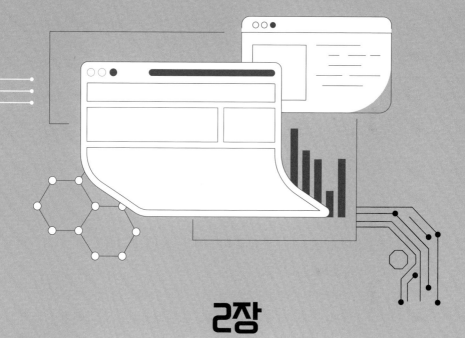

2장

보고서

AI로 효율성과 정확성을
극대화한다!

서문

최근 현장에서 업무 보고를 주고 받을 때 자주 듣는 말이 있습니다.

"일단 초안은 AI로 뽑아봤어요."

몇 년 전만 해도 상상하기 어려웠던 장면입니다. 이제 키워드 몇 개만 입력하면 초안이 나옵니다. 겉보기에는 번듯하고, 형식도 잘 갖춰져 있습니다. 하지만 여기서 많은 사람들이 다시 멈춥니다.

"그래서 이것을 어떻게 다듬어야 하죠?"

AI가 초안을 써주는 시대에 진짜 중요한 것은 '무엇을 쓰느냐'보다 '무엇을 남기고 무엇을 빼느냐', '이게 내 상사 혹은 고객을 설득할 수 있는 내용인가'를 판단하고 결정하는 능력입니다. 이제 보고서를 처음부터 끝까지 직접 써내려가는 글쓰기 능력보다 AI가 만든 초안을 내 기준으로 판단하고 고치는 '에디터의 감각'이 훨씬 더 중요합니다. 좋은 보고서는 단순히 잘 쓴 문장으로 만들어지지 않습니다. 핵심이 빠지지 않았는지, 맥락이 자연스러운지, 독자에게 설득력 있게 전달되는지를 편집자의 시선으로 끊임없이 다듬는 과정에서 비로소 완성됩니다.

이 파트에서는 AI를 활용해 보고서 초안을 작성하고, 이를 실전 보고서 수준으로 정제·완성해가는 과정을 다룹니다.

작성보다 편집, 생산보다 판단. AI 시대의 보고서 작성은 에디팅이 중심입니다.

AI를 활용한
보고서 기획

기획은 단순히 계획을 세우는 행위가 아닙니다. 그것은 문제를 해결하고 목표를 달성하기 위한 구조적이고 창의적인 과정입니다. 이 과정에서 가장 중요한 첫걸음은 분명한 목적을 설정하는 것입니다. 목적은 기획의 나침반 역할을 하며, 우리가 어디로 가야 할지와 그 방향성을 명확히 제시합니다.

효율적이고 설득력 있는 보고서를 작성하려면 기획 단계에서부터 명확한 목표와 체계적인 전략이 필요합니다. AI를 활용하면 이 과정을 더욱 간단하고 효과적으로 수행할 수 있습니다. 이 장에서는 AI 기반 보고서 기획의 주요 단계와 이를 활용한 실질적인 방법을 다룹니다.

목표 설정: '보고서의 목적을 명확히 정의하라'

보고서를 작성하는 과정에서 가장 중요한 첫 단계는 명확한 목적을 정의하는 것입니다. 보고서의 목적은 보고서의 전체 구조와 내용을 결정짓는 핵심축이며, 독자가 보고서를 읽고 무엇을 이해하거나 실행해야 하는지 명확히 제시하는 역할을 합니다.
제목은 보고서의 목적과 방향성을 독자에게 전달하는 중요한 도구입니다. 다음과 같은 제목의 보고서를 볼 때 독자는 각각 어떤 느낌을 받을까요?

▼

'3분기 매출 증가 원인 분석 및 4분기 전략 제안'

첫 번째 제목은 단순히 데이터를 나열하겠다는 인상을 주며, 독자에게 방향이나 목적을 전달하지 못합니다. 상사는 매출이 왜 변동했는지 다음 단계에서 무엇을 해야 하는지가 궁금합니다. 매출 증가의 원인과 앞으로의 전략이 포함된 보고서를 작성해야 합니다.

실제 현장에서 보고서 컨설팅을 진행해보면, 목적 정의가 애매하거나 부재한 경우를 자주 목격합니다. 이 경우 상사는 '그래서 이 보고서를 통해 무엇을 하라는 것인가?'라는 질문이 생깁니다. 그럼 목적에 맞지 않는 보고서를 작성하는 이유는 무엇일까요?

- 작성자가 보고서 작성하는 이유를 충분히 이해하지 못함
- 독자가 누구인지, 어떤 정보를 필요로 하는지 모름
- 보고서를 형식적으로 작성해야 한다는 압박으로 목적을 간과함

이 문제에 대해 AI는 설득력 있는 답변을 제공합니다.
Claude에게 다음과 같이 질문 요청합니다.

프롬프트	'20XX년 3분기 매출 보고서의 목적'을 작성해줘.
답변	2024년 3분기 매출 보고의 목적은 다음과 같습니다: 1. 성과 분석 3분기 동안의 매출 실적을 분석해 목표 달성 여부를 확인합니다. 예상치 대비 실제 매출 성과를 비교해 주요 성과 및 부족한 부분을 파악합니다.

2. 의사결정 지원
4분기 및 향후 전략 수립에 필요한 데이터 기반의 의사결정을 지원합니다. 성과에 영향을 미친 내부 및 외부 요인을 검토해 전략 조정을 위한 근거를 제공합니다.

3. 팀 및 부서 간 소통
주요 이해관계자(경영진, 주주, 관련 부서 등)에게 3분기 성과를 투명하게 보고해 신뢰를 유지합니다. 팀원들에게 현재 성과를 공유함으로써 동기 부여 및 협력을 강화합니다.

4. 문제점 식별 및 개선
매출 감소나 정체 요인을 파악해 문제 해결 방안을 제시합니다. 개선해야 할 과제를 도출하고, 구체적인 액션 플랜의 기초 자료로 활용합니다.

5. 미래 전망 및 전략 수립
4분기와 연말 매출 목표를 위한 목표 재설정 및 전략 방향성을 제안합니다. 시장 트렌드 및 경쟁 상황을 반영한 추가적인 기회를 식별합니다.

위 목적을 기반으로 매출 보고서를 작성하면, 실질적인 통찰을 제공하며 조직의 전략적 방향성을 명확히 하는 데 기여할 수 있습니다.

이처럼 매출 보고서는 단순한 수치 정리에서 끝나는 것이 아니라 조직의 방향성과 전략적 의사결정에 중요한 역할을 합니다. 따라서, 보고서를 작성할 때는 명확한 목적을 설정하고, 그 목적에 맞는 데이터를 분석하며, 이를 바탕으로 구체적인 시사점을 도출하는 과정이 필수적입니다. 이를 통해 보고서가 단순한 기록이 아닌, 실질적인 경영 도구로 활용될 수 있도록 해야 합니다.

윤쌤의 tip

RFP(Request For Proposal, 제안요청서)나 메일, 회의록 등을 직접 입력한 후 보고서의 목적을 묻는다면, 독자의 의도를 반영한 보고서를 작성할 수 있습니다.

구조 설계: '보고서의 뼈대를 세우라'

보고서 작성에서 구조 설계는 내용을 효과적으로 전달하기 위한 핵심 단계입니다. 보고서의 뼈대를 세우는 과정은 메시지를 명확히 전달하고, 독자가 보고서의 목적을 쉽게 이해할 수 있도록 구성하는 것을 의미합니다.

뼈대를 세우는 데 추천하는 도구는 'Logic Tree'입니다. Logic Tree는 복잡한 문제를 체계적으로 분석하고, 논리적으로 구조화된 답을 도출하기 위해 사용되는 도구입니다. Logic Tree를 활용해 주요 주제와 하위 내용을 논리적으로 연결하고, 독자가 쉽게 이해할 수 있는 체계적인 구조를 설계할 수 있습니다.

이때, Logic Tree는 단순히 내용을 나열하는 데 그치지 않고 주제를 계층적으로 세분화하는 데 초점을 맞춥니다. 특히, MECE(Mutually Exclusive, Collectively Exhaustive)의 방식으로 구성하는 것이 그 특징입니다.

> MECE는 문제를 중복 없이(Mutually Exclusive), 빠짐없이(Collectively Exhaustive) 분류해 논리적이고 체계적으로 분석하는 논리 원칙입니다.

3분기 순이익이 감소했다는 내용을 MECE 기반 Logic Tree로 분석하면 다음과 같습니다. 하위 노드로 내려가면서 각 항목이 중복되거나 빠지지 않도록 주의해 분석합니다. 이를 통해 분석한 내용은 문제를 명확하게 분석하고 실행 가능한 결론을 도출할 수 있게 합니다.

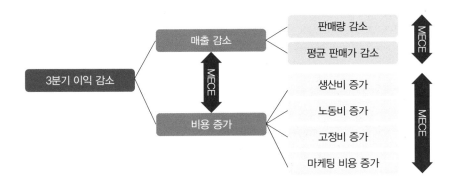

Logic Tree도 AI를 통해 쉽게 작성할 수 있습니다. 이를 통해 복잡한 주제를 논리적으로 분해해 독자가 쉽게 이해하도록 합니다. Claude에게 다음과 같이 질문 요청합니다.

프롬프트	3분기 화장품 판매 이익 감소 원인을 로직트리로 분석해줘.
답변	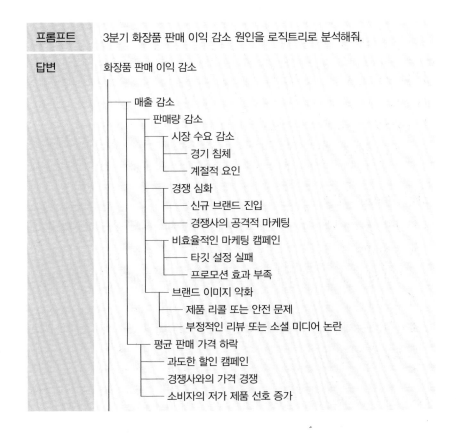

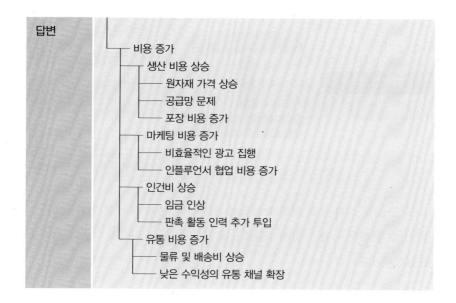

이처럼 AI를 활용하면 논리적인 구조를 갖춘 Logic Tree를 신속하게 생성할 수 있습니다. 특히, 보고서나 발표 자료를 준비할 때 핵심 내용을 체계적으로 정리하고 논리적 흐름을 구축하는 데 유용합니다.

Logic Tree를 활용하면 다음과 같은 장점이 있습니다.

Logic Tree의 장점

① 복잡한 개념을 단순화 – 주요 내용을 단계별로 나눠서 쉽게 이해할 수 있도록 합니다.

② 논리적 구조 강화 – 주제의 핵심 요소를 파악하고 체계적인 분석을 가능하게 합니다.

③ 효율적인 문제 해결 – 특정 문제의 원인을 파악하고 해결책을 논리적으로 도출할 수 있습니다.

결과적으로, AI 기반 Logic Tree 작성은 보고서의 명확성과 설득력을 높이는 효과적인 방법이 될 수 있습니다. 이를 적극적으로 활용하면 독자와 청중이 더욱 쉽게 내용을 이해하고, 전략적인 의사결정을 내리는 데 도움을 줄 수 있습니다.

보고서 기획 단계에서 AI를 활용하기 위해 사용할 수 있는 프롬프트입니다.

"이 데이터를 기반으로 보고서의 목적과 독자에게 전달할 주요 메시지를 제안해줘."
"Logic Tree 방식으로 [주제]를 분석하고, 각 섹션의 세부 내용을 제안해줘."
"(브레인스토밍) 고객 유지율을 높이기 위한 로열티 프로그램 아이디어를 만들어줘."

AI로 보고서 초안 작성하기

보고서 초안은 최종 보고서를 완성하기 위한 출발점입니다. 초안은 작성자가 아이디어와 데이터를 정리하고, 보고서의 구조와 방향을 결정하는 데 중요한 역할을 합니다. 그러나 많은 사람이 초안을 작성하는 과정을 어렵게 느낍니다.

AI는 이러한 초기 과정을 간소화하고, 효율적으로 초안을 구성할 수 있도록 도와줍니다. 이 장에서는 초안 작성의 주요 원칙과 AI를 활용해 초안을 작성하는 방법을 구체적으로 설명합니다.

ChatGPT를 활용한 보고서 초안 생성

1. 초안 작성 마인드: '완벽한 초안은 없다'

재작년 한 고객사에서 보고서 작성에 어려움을 느끼는 직원들을 대상으로 일주일간 보고서 작성 교육 프로그램을 진행했습니다. 이 프로그램은 참가자들이 보고서 작성의 기본 원칙을 이해하고, 실제 사례를 통해 실질적인 역량을 개발하는 것을 목표로 했습니다. 참가자들은 기초적인 보고서 작성부터 초안 작성, 수정 및 완성에 이르기까지 단계별로 학습했으며, 마지막 날에는 직접 작성한 보고서를 제출하고 피드백을 받는 세션이 있었습니다.

교육이 진행되는 동안 참가자들의 초안 작성 방식과 최종 보고서 퀄리티 간의 상관관계를 관찰할 수 있었습니다. 흥미롭게도 초안 작성에 지나치게 많은 시간을 투자한 참가자일수록 보고서의 완성도가 떨어지는 경향이 발견되었습니다.

1) 완벽주의의 덫에 빠진 김 대리

김 대리는 마케팅 부서 소속으로, 이번 교육에 큰 기대를 품고 참여했습니다. 그는 항상 보고서 작성 과정에서 '완벽한 초안'을 만들어야 한다는 강박을 가지고 있었고, 이를 위해 초안 작성에 많은 시간을 투자했습니다.

김 대리의 접근 방식

- 초안을 작성하기 전에 완벽한 문장과 문구를 고민하며 한 문장을 작성한 뒤에도 여러 차례 수정했습니다.
- 초안 단계에서 모든 세부 사항을 정리하려다 보니 보고서의 핵심 메시지를 도출하는 데 소홀해졌습니다.
- 3시간 동안 초안을 작성했지만 결국 보고서의 구조와 논리가 엉성했고, 세부 정보가 과도하게 포함되어 전체적으로 핵심이 흐려졌습니다.

결과적으로 최종 보고서는 논리적 일관성이 부족했고, 독자에게 전달하고자 하는 주요 메시지가 모호했습니다. 제한된 시간 안에 보고서를 완성하지 못했으며, 과도한 수정 작업으로 피로도가 증가했습니다.

2) 빠르게 초안을 작성한 오 과장

오 과장은 전략 기획팀에서 일하며 보고서 작성 경험이 비교적 많은 참가자였습니다. 그는 초안 작성 과정에서 '빠르게 큰 틀을 잡는 것'을 가장 중요한 목표로 삼았습니다.

오 과장의 접근 방식

- 초안 단계에서 내용의 세부적인 완벽함보다는 보고서의 전체 구조와 핵심 메시지를 설정하는 데 집중했습니다.
- 초안 작성에 30분을 투자한 뒤 나머지 시간은 초안을 검토하고 세부 정보를 추가하는 데 사용했습니다.

최종 보고서는 핵심 메시지가 명확하고, 구조가 논리적이며, 독자가 쉽게 이해할 수 있었습니다. 제한된 시간 안에 보고서를 완성했으며 피드백도 긍정적이었습니다.

이 사례에서 얻을 수 있는 교훈은 다음과 같습니다.

- 초안 작성에 너무 많은 시간을 투자하면 오히려 보고서 퀄리티가 떨어질 수 있다.
- 완벽주의는 생산성을 저하시킨다.
- 빠른 초안 작성과 지속적인 보완이 중요하다.

앞선 사례처럼 초안 작성에 너무 많은 시간을 들이면 오히려 보고서의 완성도가 떨어지는 경우가 있습니다. 반면, 초안을 빠르게 작성한 뒤 수정 과정을 잘 활용하면 더 좋은 결과를 얻을 수 있습니다. 이런 점에서 AI를 활용한 초안 작성 방식은 기존의 글쓰기 흐름을 근본적으로 바꿀 수 있는 전환점이 될 수 있습니다.

- 초안 작성은 '빠르게 전체 구조를 잡는 것'에 집중합니다.
  한 문장, 한 단락에 시간을 낭비하지 말고 큰 틀을 완성한 후 세부내용을 채웁니다.

- AI를 활용해 초안을 작성하고 보완합니다.
  "주제에 맞는 초안을 작성해줘", "이 데이터를 기반으로 보고서 초안을 만들어줘"와 같은 프롬프트를 사용하세요.

AI를 활용한 초안 작성 가이드

AI를 활용한 초안 작성은 효율성과 정확성을 높이는 강력한 도구입니다. 다음은 AI를 통해 초안을 작성하는 방법을 단계별로 정리한 가이드입니다. 이 과정을 따라가면 보고서 작성의 부담을 줄이고, 더 나은 결과물을 만들 수 있습니다.

Step 1. 보고서의 목적과 독자 정의

초안을 작성하기 전에 보고서의 목적과 대상 독자를 명확히 정의해야 합니다. 이는 AI가 적절한 방향과 톤을 설정할 수 있도록 도와줍니다.

질문하기

- "이 보고서의 목적은 무엇인가?" (예: 성과 분석, 문제 해결, 전략 제안)
- "독자는 누구인가?" (예: 팀장, 임원, 고객)
- "독자가 원하는 정보는 무엇인가?" (예: 데이터 요약, 실행 방안, 주요 메시지)

AI 출력 예시

- 목적: 3분기 성과 분석과 4분기 전략 제안

프롬프트 예시	3분기 매출 보고서를 작성하려고 해. 목적은 성과 분석과 4분기 전략 제안이고, 독자는 임원진이야. 이 보고서의 핵심 메시지를 도출해줘.

- 핵심 메시지: 3분기 매출은 목표 대비 15% 증가. 주요 원인 분석과 개선 방안 제시
- 독자를 고려한 톤: 간결하고 실행할 수 있는 제안을 포함

Step 2. 데이터와 주요 메시지 입력

보고서에 사용할 데이터를 AI에게 입력하면 AI가 이를 요약하거나 초안에 맞는 형태로 정리해줍니다.

프롬프트 예시	3분기 매출 데이터는 다음과 같습니다: 총매출 50억 원, 전년 동기 대비 15% 증가, 신규 고객 20% 증가. 데이터를 요약하고 주요 메시지를 도출해줘.

AI 출력 예시

- 3분기 매출은 전년 동기 대비 15% 증가
- 신규 고객 증가(20%)가 주요 원인
- 시장 점유율은 5% 상승

Step 3. 초안 작성 요청

AI에게 서론, 본론, 결론 구조를 바탕으로 초안을 작성해달라고 요청합니다.

프롬프트 예시	위 데이터를 바탕으로 서론, 본론, 결론 구조로 초안을 작성해줘.

AI 출력 예시

서론

- "2024년 3분기 매출 보고서는 전년 동기 대비 15% 증가한 성과를 분석하고, 4분기 목표와 전략을 제안하는 것을 목적으로 합니다."

본론

- 3분기 주요 성과 요약: 신규 고객 20% 증가와 시장 점유율 5% 상승
- 원인 분석: 효과적인 마케팅 캠페인, 신제품 출시
- 개선점: 일부 지역의 매출 정체, 고객 충성도 부족

결론

- 4분기 목표: 매출 60억 원 달성
- 실행 방안: 로열티 프로그램 도입 및 지역별 마케팅 강화

Step 4. 초안 다듬기

AI가 작성한 초안을 검토하며 수정과 보완 작업을 진행합니다. 필요시 AI에게 문장을 다듬거나 어조를 변경하도록 요청할 수 있습니다.

 프롬프트 예시

본론의 첫 번째 문장을 더 간결하게 바꿔줘.
이 초안의 톤을 더 전문적으로 수정해줘.
독자가 쉽게 이해할 수 있도록 문장을 단순화해줘.

AI 출력 예시

- 원문: "3분기 매출 성과는 전년 동기 대비 크게 증가했으며, 이는 여러 요인에 의해 발생했습니다."
- 수정된 문장: "3분기 매출은 전년 동기 대비 15% 증가했습니다."

Step 5. 초안에 세부 내용 추가

초안에서 부족한 세부 내용을 보완하거나 추가 자료를 포함합니다. 이 과정에서

도 AI의 도움을 받을 수 있습니다.

프롬프트 예시	본론의 원인 분석에 데이터를 추가하고, 구체적인 예를 들어줘. 결론에 실행 가능한 전략을 2가지 더 제안해줘.

AI 출력 예시

- 추가 내용: "경쟁사의 신규 제품 출시와 비교했을 때, 당사의 마케팅 캠페인은 상대적으로 소비자 참여율이 높았습니다. 이는 매출 증가의 주요 요인으로 작용했습니다."

Step 6. 최종 검토와 피드백 반영

초안 작성이 완료되면 AI를 활용해 논리적 흐름을 검토하거나 누락된 항목을 점검합니다.

프롬프트 예시	이 초안의 논리적 흐름을 검토하고 개선 방안을 제안해줘. 보고서에 포함되었으면 하는 추가적인 내용을 추천해줘.

AI 출력 예시

- "결론 부분에 구체적인 KPI 설정이 추가되면 더 설득력 있는 보고서가 될 것입니다."
- "서론에서 독자에게 주요 결과를 한 줄로 요약하는 문장이 있으면 좋습니다."

이 단계별 접근법을 통해 AI를 활용하면 초안 작성이 더 이상 부담스러운 작업이 아니라 효율적이고 체계적인 프로세스로 전환됩니다. AI는 작성자의 아이디어를 빠르게 구현하고, 데이터를 정리하며, 논리적이고 명확한 초안을 만들어냅니다. 최종 결과물의 품질은 작성자의 보완 작업과 AI의 협력이 얼마나 효과적으로 이루어지는지에 달려 있습니다.

| 프롬프트 | 다음 정보를 바탕으로 ESG 성과 보고서의 초안을 작성해줘. |

- 목적: ESG 활동 평가 및 향후 개선 방안 제안
- 독자: 회사 경영진
- 핵심 메시지: 'ESG 활동은 발전했지만, 환경 목표에서 개선이 필요'
- 주요 데이터: 최근 3년간 ESG 점수, 경쟁사 ESG 사례
- 형식: 5페이지 보고서(서론, 성과 분석, 개선 방안, 결론)
- 포함 키워드: ESG, 환경 목표, 지속 가능성
- 톤: 전문적이고 데이터 중심적

| 답변 | ESG 성과 보고서 초안 |

1. 서론
- 목적: 본 보고서는 지난 3년간 회사의 ESG 활동을 평가하고, 특히 환경 목표 영역에서의 성과를 검토해 향후 개선 방안을 제안하는 데 목적이 있습니다.
- 중요성: ESG(Environmental, Social, Governance) 성과는 기업의 지속 가능성과 이해관계자 신뢰를 높이는 핵심 지표로, 경쟁력 강화의 필수 요소입니다.
- 보고서 구조: 본 보고서는 다음과 같은 순서로 구성됩니다:
  ① ESG 성과 개요
  ② 주요 성과 분석
  ③ 개선 방안 제안
  ④ 결론

2. ESG 성과 분석
- 성과 요약: 지난 3년간 회사의 ESG 점수는 꾸준히 상승하며, 업계 평균을 상회하는 수준을 유지했습니다. 그러나 환경(E) 성과 지표에서의 상승률은 비교적 낮아 개선이 요구됩니다.
- 주요 성과:
- 사회(S) 및 지배구조(G):
  – 직원 복지 강화와 다양성 정책의 도입으로 높은 점수 기록
  – 경영 투명성 제고 및 지속 가능한 공급망 구축에서 경쟁사 대비 우위 확보
- 환경(E):
  – 탄소 배출량 감소 목표 대비 80% 달성
  – 재생에너지 활용률 20%로 경쟁사(30%) 대비 낮은 수준

답변	• 경쟁사 사례:
	– 경쟁사 A는 탄소 중립 목표를 조기에 달성하며 글로벌 평가기관으로부터 높은 평가를 받음
	– 경쟁사 B는 폐기물 재활용 비율을 40%에서 60%로 증가시키며 환경 분야에서 선도적 위치 확보

– 이하 생략 –

AI를 활용해
시장조사 하기

시장조사는 초안을 더욱 정교하게 만들고, 방향성을 설정하는 데 결정적인 역할을 합니다. 막연한 아이디어를 현실에 적용하기 위해서는 시장 환경, 트렌드, 고객 니즈에 대한 정확한 이해가 필요합니다. 이를 기반으로 초안을 수정하고 보완하면, 실행할 수 있는 전략으로 발전할 가능성이 커집니다. 시장조사에 AI의 방식을 도입하면 방대한 데이터 분석과 패턴 탐지를 통해 시장조사를 더 효율적이고 정밀하게 수행할 수 있습니다.

AI는 방대한 데이터 분석과 패턴 탐지를 통해 시장조사를 좀 더 효율적이고 정밀하게 수행하게 합니다. 이 과정에서 인공지능(AI)의 역할은 단순한 도구를 넘어 시장조사와 보고서 작성의 전반적인 패러다임을 바꾸고 있습니다. AI는 데이터의 처리 속도와 분석 정확도를 높이고, 깊이 있는 인사이트를 제공함으로써 보다 전략적이고 효율적인 의사결정을 지원합니다.

데이터 분석의 자동화와 효율성 극대화

전통적인 시장조사 방식에서는 데이터의 수집과 분석에 많은 시간과 노력이 소요되었습니다. 그러나 AI를 도입하면 이러한 과정은 자동화되어 연구자들이 더 중요한 의사결정에 집중할 수 있는 여건을 만들어줍니다. 예를 들어, AI 기반 도구는 설문조사 응답, 소비자 리뷰, 소셜 미디어 언급 등에서 데이터를 실시간으로 수집하고 이를 정리합니다. 이렇게 수집된 데이터는 AI 알고리즘에 의해 자동으로 분석되어 소비자 행동, 구매 패턴, 시장 트렌드와 같은 유의미한 결과로 도출됩니다.

한 기업이 새로운 음료 제품 출시를 앞두고 있다고 가정해봅시다. 이 기업은 소비자들이 특정 맛(예: 라임향 탄산수)에 대해 어떻게 생각하는지 파악하기 위해 소셜 미디어 데이터를 분석하려 합니다.

GPT는 다음과 같은 방식으로 데이터 수집과 정리에 기여할 수 있습니다.

프롬프트	아래 리뷰 데이터를 분석해서 감정 분포(긍정/부정/중립 비율)와 주요 감정 키워드를 요약해줘.
	[리뷰 데이터] - 라임 탄산수 너무 상쾌해서 요즘 매일 마셔요. - 상쾌한데 향이 너무 강해서 인공적인 느낌이에요. - 건강한 느낌이 들어서 자주 사 먹어요. - 너무 달고 텁텁해서 별로예요. - 상쾌하고 기분이 좋아져요. - 향이 인위적이라서 안 좋아요.

데이터는 GPT의 요약 기능을 통해 직관적이고 이해하기 쉬운 형태로 정리됩니다. 이를 보고서 작성의 기초 자료로 사용할 수 있습니다.

최적화된 데이터 인사이트 제공

데이터 분석 결과를 활용해 AI는 최적화된 데이터 인사이트를 제공할 수 있습니다. 넷플릭스를 시청하다 보면 내 취향의 시리즈를 한데 모아 추천하는 화면을 확인할 수 있는데 이는 AI 알고리즘을 통해 사용자의 시청 기록을 분석하고, 영화를 추천할 수 있도록 한 것입니다.

콘텐츠를 제공하는 OTT 사업자들은 이 분석 결과를 제작에도 활용되고 있습니다. 예를 들어, 워너브라더스는 AI 플랫폼인 Cinelytic과 협력해 영화 성공 가능성을 예측하고, 투자 결정을 내리고 있습니다. 또한, ScriptBook과 같은 플랫폼은 데이터를 기반으로 영화 대본의 성공 가능성을 평가하기도 합니다.

이러한 기술은 특정 고객군의 니즈를 파악하고 시장에서의 제품 또는 서비스의 잠재적 성공 가능성을 예측하는 데 유용합니다. 예를 들어, AI는 연령대, 지역, 라이프스타일에 따라 세분화된 소비자 그룹의 행동을 분석해 이들에게 가장 적합한 마케팅 전략을 제안할 수 있습니다. 이를 통해 보고서는 단순한 정보 제공이 아닌 실행 가능한 전략적 제안으로 가치를 제고합니다.

GPT는 다음과 같은 방식으로 고객 설문조사 결과를 분석할 수 있습니다.
기업이 출시할 제품의 포장 디자인에 대해 설문조사를 진행했다고 가정해봅시다. 설문 응답 데이터는 방대한 텍스트 형태로 제공되었으며, 이를 효율적으로 분석하기 위해 GPT를 활용할 수 있습니다.

프롬프트	(설문 응답 데이터를 첨부) 텍스트 데이터를 읽고, 응답을 주제별로 분류(예: '포장 색상', '디자인 모양', '소재')한 후 응답에서 공통된 패턴과 트렌드를 파악해줘.
답변	고객 응답 분석 결과: (예시) • 70%의 고객이 '밝고 시원한 색상'을 선호한다. • 25%는 '환경 친화적 소재'를 중요시한다. • 디자인 모양에 대해서는 50%가 '심플하고 모던한 디자인'을 선호한다.

이러한 분석 결과는 보고서 작성 시 설문조사 결과 분석의 수고를 줄이고, 고객의 선호도를 명확히 전달하는 데 유용합니다.

AI를 활용한 경쟁사 분석

경쟁사 분석은 기업이 시장에서의 위치를 평가하고, 좀 더 효과적인 마케팅 및 비즈니스 전략을 수립하기 위해 필수적인 과정입니다. 전통적인 경쟁사 분석은 시간이 오래 걸리고, 데이터가 방대해 종종 불완전한 결론을 도출하기 쉽습니다. B2B 컨설팅을 진행하며 고객사 전략 도출을 위해 다른 기업의 키워드 데이터를 분석하는 경우가 많은데, 최근에는 수작업으로 진행해야 했던 크롤링, 텍스트 마이닝, 감성 분석 등을 AI가 자동으로 수행해 분석 시간을 대폭 줄일 수 있습니다.

1. 분석 목표 설정하기

AI를 활용해 경쟁사 분석을 시작하기 전에 분석 목표를 명확하게 설정해야 합니다. 다음과 같은 질문들이 목표를 명확하게 하는 데 도움이 될 수 있습니다.

- 경쟁사의 주요 키워드는 무엇인가?
- 경쟁사의 트래픽이 높은 콘텐츠는 어떤 것인가?
- 경쟁사의 고객들은 어떤 의견을 가지고 있는가?
- 경쟁사의 가격 정책과 마케팅 전략은 어떻게 변화하는가?
- 새로운 트렌드나 기회 요소는 무엇인가?

이 같은 과정은 디저트 시장의 경쟁사 분석 사례를 통해 동일하게 적용해볼 수 있습니다.

목표: 디저트 시장에서 소비자들이 가장 관심을 끄는 키워드를 분석하고, 경쟁사의 마케팅 전략과 향후 트렌드를 예측해 사업 기회를 모색한다.

프롬프트 예시	최근 1년 동안 디저트 관련 키워드 중 어떤 것이 가장 검색량이 높은가? 특정 계절(여름, 겨울)에 검색량이 증가하는 키워드는 무엇인가? 주요 경쟁사 브랜드와 관련된 키워드 트렌드는 어떤 변화를 보이는가? 신규 사업 기회를 찾기 위해 주목해야 할 키워드는 무엇인가?

2. AI 기반 데이터 수집(Google Trends)

AI 기반 경쟁사 분석에서는 방대한 데이터를 자동으로 수집해 정리하는 과정이 필요합니다. 가장 많이 활용하는 도구로 SEMrush, Ahrefs, Google Trends, ChatGPT & NLP 기반 크롤링 도구 등이 있는데, 이번 챕터에서는 무료로 사용할 수 있는 Google Trends를 활용해 경쟁사의 주요 트래픽이 발생하는 키워드를 알아보겠습니다.

먼저 Google Trends에서 다음과 같은 디저트 관련 키워드를 입력해 검색량 변화 추이를 확인합니다(**분석 기간: 최근 12개월, 지역: 대한민국**). 데이터 다운로드 버튼을 클릭해 CSV 파일을 저장합니다. 검색 결과 화면에서 연관 검색어 및 관련 키워드도 함께 수집할 수 있습니다. 급상승한 키워드들이나 인기 키워드 순위를 볼 수 있어 트렌드를 파악하는 데 도움이 됩니다.

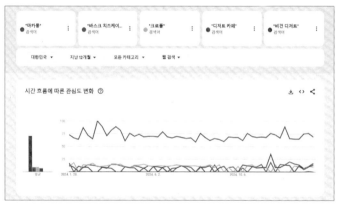

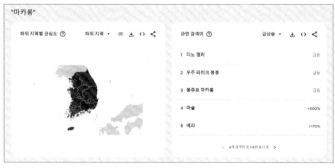

3. ChatGPT를 활용한 데이터 분석

Google Trends에서 얻은 데이터를 ChatGPT에 입력하고, 다음과 같이 분석을 요청합니다.

프롬프트	다음은 Google Trends에서 추출한 최근 12개월간의 디저트 관련 키워드 검색 트렌드 데이터야.
	이 데이터를 분석해서 주요 키워드의 검색량 변화 패턴을 요약해줘.
	
	– 키워드: 마카롱, 크로플, 비건 디저트, 바스크 치즈케이크
	– 분석할 내용
	  1. 검색량이 증가하거나 감소한 키워드와 시기
	  2. 계절별 검색 패턴 (예: 특정 시즌에 검색량이 급증하는지)
	  3. 시장 내 새로운 트렌드가 보이는지
	
	데이터
	(CSV 파일에서 추출한 데이터 표를 입력)

답변	• 마카롱: 전반적으로 검색량이 감소하는 추세. 하지만 밸런타인데이(2월)와 크리스마스 시즌(12월)에 검색량이 급증함. • 크로플: 2023년 초반까지만 해도 높은 인기를 보였으나, 2024년 들어 검색량이 급격히 감소. • 비건 디저트: 2023년 하반기부터 꾸준한 검색 증가세를 보이며, 건강식과 친환경 소비 트렌드와 연관성이 높아 보임. • 바스크 치즈케이크: 연말 시즌(11~12월)에 검색량이 급증하며, 홈베이킹 및 선물용 제품으로 활용도가 높은 것으로 판단됨.

경쟁사의 브랜드명을 Google Trends에서 검색한 후, ChatGPT에 경쟁사의 마케팅 전략을 분석하도록 요청할 수 있습니다. Google Trends에서 경쟁사의 브랜드명(예: **뚜레쥬르, 파리바게뜨, 고디바**)을 입력해 검색량 변화를 확인한 후 ChatGPT에게 다음과 같이 요청합니다.

프롬프트	다음은 Google Trends에서 추출한 경쟁사 브랜드 키워드 검색 트렌드 데이터야. 이 데이터를 분석해 각 브랜드의 마케팅 전략과 소비자 관심 변화를 평가해줘. – 경쟁사: 뚜레쥬르, 파리바게뜨, 고디바 – 분석할 내용 　1. 최근 검색량이 증가한 브랜드와 주요 원인 　2. 특정 프로모션 또는 이벤트와 관련된 검색량 변화 　3. 경쟁사의 마케팅 전략 변화(예: 신제품 출시, 계절별 캠페인) 　4. 우리 브랜드가 벤치마킹할 수 있는 점 데이터 (CSV 파일에서 추출한 데이터 표를 입력)
답변	경쟁사 마케팅 전략 • 뚜레쥬르: 2024년 3월부터 검색량이 급증했으며, 이는 비건 디저트 출시 및 친환경 패키징 마케팅과 관련된 것으로 보임. • 파리바게뜨: 매년 크리스마스 시즌(12월)에 검색량이 급등하며, 연말 케이크 마케팅이 성공적으로 자리 잡고 있음. • 고디바: 2월(밸런타인데이 시즌)에 검색량이 급증하며, 프리미엄 초콜릿 및 선물용 제품 중심의 마케팅 전략을 펼치고 있음. 전략 도출 • 비건 디저트 트렌드가 지속적으로 성장 중이므로, 우리 브랜드도 비건 제품을 강화해야 함. • 연말 시즌 디저트 프로모션이 매우 효과적이므로, 크리스마스와 밸런타인데이에 맞춘 제품 기획 및 마케팅이 필요함.

경쟁사 분석 이후 시장 트렌드 예측을 위해 급상승 키워드(**예: 비건 디저트, 로푸드 케이크, 글루텐프리 빵**)의 검색량 변화를 장기적으로 분석한 후 ChatGPT를 활용해 미래 시장 전망을 예측할 수 있습니다.

프롬프트	다음은 Google Trends에서 추출한 디저트 시장 내 신흥 키워드 검색 트렌드야.
	이 데이터를 기반으로 향후 시장 전망과 사업 기회를 예측해줘.
	
	– 키워드: 비건 디저트, 로푸드 케이크, 글루텐프리 빵
	– 분석할 내용
	  1. 향후 1~2년간 검색량 증가 가능성이 큰 키워드
	  2. 신흥 키워드와 연관된 소비자 니즈 분석
	  3. 우리 브랜드가 대비해야 할 전략
	
	데이터
	(CSV 파일에서 추출한 데이터 표를 입력)

답변	향후 시장 전망
	• 비건 디저트: 2023년 하반기부터 검색량이 꾸준히 증가하고 있으며, 건강한 라이프스타일을 추구하는 소비자층이 확대되고 있음을 의미.
	• 로푸드 케이크: 검색량이 아직 많지는 않지만, 특정 소비자 그룹(건강식 관심층)에서 선호도가 증가하고 있어 틈새시장 공략 가능성이 큼.
	• 글루텐프리 빵: 기존 밀가루 기반 디저트 대체 제품으로 소비층이 확대되고 있으며, 해외에서는 이미 트렌드가 자리 잡고 있음.
	
	전략 도출
	• 비건 디저트 & 글루텐프리 제품군 강화
	  – 기존 제품을 업그레이드하거나 새로운 제품을 출시할 필요가 있음.
	• SNS를 활용한 신흥 트렌드 콘텐츠 제작
	  – '비건 베이킹 키트', '로푸드 케이크 레시피' 등 소비자가 직접 체험할 수 있는 콘텐츠를 활용한 마케팅 전략 필요.

완성된 보고서 초안

디저트 시장 경쟁사 분석 및 향후 전략 보고서

1. 보고서 개요

본 보고서는 Google Trends와 ChatGPT를 활용해 디저트 시장 내 주요 키워드 트렌드를 분석하고, 경쟁사의 마케팅 전략을 평가한 후, 향후 사업 전략을 제시하는 것을 목적으로 한다.

분석 대상 키워드는 마카롱, 크로플, 비건 디저트, 바스크 치즈케이크이며, 경쟁사는 뚜레쥬르, 파리바게뜨, 고디바를 포함해 분석했다.

2. 디저트 시장 키워드 트렌드 분석

2.1 주요 키워드 검색량 변화

Google Trends 데이터를 바탕으로 디저트 시장의 주요 키워드 검색량 변화를 분석한 결과는 다음과 같다.

마카롱
- 검색량이 전반적으로 감소하는 추세이나, 밸런타인데이(2월)와 크리스마스(12월) 시즌에 검색량이 급증.
- 지속적인 인기를 유지하기 위해 시즌별 프로모션 강화 필요.

크로플
- 2023년 초반까지만 해도 높은 검색량을 기록했으나, 2024년 이후 검색량이 급격히 감소.
- 트렌드가 지나간 제품군으로 판단되며, 대체 상품 개발 필요.

비건 디저트
- 2023년 하반기부터 꾸준한 검색량 증가를 기록.
- 소비자들이 건강과 환경을 고려한 선택을 선호하고 있으며, 비건 베이커리 및 식물성 원료 활용 제품군 확대 필요.

바스크 치즈케이크
- 검색량이 연말 시즌(11~12월)에 급증.
- 선물용 및 홈베이킹 제품군으로 확장 가능성 큼.

2.2 계절별 검색 패턴 분석

Google Trends 검색량 변화 분석 결과, 디저트 제품은 계절별 소비 패턴이 뚜렷하게 나타났다.

키워드	검색량 증가 시기	검색량 감소 시기	비즈니스 기회
마카롱	2월, 12월	4~9월	밸런타인데이, 크리스마스 한정판 출시
크로플	2022~2023년 초	2024년 이후	새로운 디저트 트렌드 필요
비건 디저트	연중 꾸준한 증가	없음	건강 트렌드 반영 제품 확대
바스크 치즈 케이크	11~12월	3~8월	연말 홈베이킹 및 선물 패키지 기획

➡ 전략적 제언:

마카롱과 바스크 치즈케이크는 특정 시즌을 활용한 한정판 프로모션이 효과적임.
비건 디저트는 계절과 무관하게 지속적인 소비 증가가 예상되므로 장기적인 제품 개발이 필요.
크로플과 같은 유행이 지난 제품군은 신규 대체 트렌드를 발굴해야 함.

3. 경쟁사 키워드 분석

3.1 브랜드별 검색량 변화

Google Trends를 활용해 경쟁사의 브랜드 키워드 검색량 변화를 분석한 결과, 경쟁사들이 각기 다른 마케팅 전략을 활용하고 있음을 확인할 수 있었다.

경쟁사	주요 키워드	검색량 증가 시기	특징적인 마케팅 전략
뚜레쥬르	비건 디저트	2024년 3월 이후	친환경 패키지 및 비건 제품 강화
파리바게뜨	크리스마스 케이크	12월	연말 시즌 마케팅 집중
고디바	밸런타인데이 초콜릿	2월	고급 선물 마케팅 전략

뚜레쥬르

- 비건 디저트 검색량 증가와 함께 브랜드 검색량도 상승.
- 비건·친환경 트렌드에 적극적으로 대응하며 차별화된 마케팅 전략을 전개.

파리바게뜨

- 크리스마스 케이크 관련 키워드 검색량이 12월에 급증.
- 연말 시즌 한정 프로모션을 효과적으로 운영하고 있음.

고디바

- 밸런타인데이 초콜릿 검색량이 2월에 급등.
- 프리미엄 선물 시장을 공략하는 전략을 활용.

➡ 전략적 제언:

뚜레쥬르의 비건 디저트 마케팅 전략을 벤치마킹해, 우리 브랜드도 건강과 친환경을 강조한 제품 라인업을 확장.

파리바게뜨의 시즌별 프로모션 전략을 참고해, 우리 브랜드도 크리스마스·밸런타인데이 등 특정 시즌에 맞춘 마케팅 기획 필요.

고디바의 프리미엄 초콜릿 마케팅을 벤치마킹해, 고급화된 디저트 시장을 공략할 방법을 모색.

4. 향후 디저트 시장 트렌드 및 사업 기회

4.1 신흥 키워드 및 신규 시장 기회

Google Trends에서 최근 검색량이 급증한 신흥 키워드를 분석한 결과, 다음과 같은 시장 기회를 발견할 수 있었다.

키워드	최근 검색량 변화	사업 기회
단백질 디저트	검색량 지속 증가	건강 트렌드 대응 제품 개발 (단백질 브라우니, 프로틴 머핀)
글루텐프리 빵	해외 시장에서 성장 중	국내 글루텐프리 베이커리 제품 라인업 확장
로푸드 케이크	아직 초기 단계	건강 지향 소비자 타깃 마케팅

단백질 디저트

- 운동 및 건강에 관심이 많은 소비자층 증가로 인해 단백질 디저트 관련 키워드 검색량이 상승.

- 단백질 브라우니, 프로틴 머핀 등 제품을 출시해 헬스 시장을 공략 가능.

글루텐프리 빵
- 해외에서는 이미 성장 중인 트렌드이며, 국내에서도 검색량 증가 추세.
- 기존 밀가루 기반 디저트의 대체 옵션으로 활용 가능.

로푸드 케이크
- 아직 초기 단계이지만, 건강식 트렌드와 결합 가능성 큼.
- SNS 마케팅을 통해 새로운 트렌드로 확산 가능.

➡ 전략적 제언:
1. 비건 디저트 & 글루텐프리 제품 라인업 강화
경쟁사의 비건 마케팅을 참고해, 우리 브랜드도 친환경·건강 트렌드를 반영한 제품군 개발.

2. SNS 기반 콘텐츠 마케팅 활성화
'비건 베이킹 키트', '로푸드 케이크 레시피' 등 소비자 체험형 콘텐츠 제작.

3. 프리미엄 디저트 시장 공략
밸런타인데이, 연말 시즌을 활용해 프리미엄 디저트 브랜드 이미지 강화.

5. 결론 및 실행 방안
- 계절별 소비 패턴을 활용한 시즌별 마케팅 전략 강화.
- 비건·건강 트렌드에 맞춰 제품 포트폴리오 확대.
- 경쟁사의 성공적인 마케팅 전략을 벤치마킹해 차별화된 접근 방식 적용.
- SNS 및 인플루언서 협업을 통한 디지털 마케팅 활성화.

본 분석을 바탕으로 디저트 시장 내 차별화된 브랜드 포지셔닝을 구축하고, 더욱 정교한 마케팅 전략을 실행할 계획이다.

이 챕터에는 AI가 시장조사의 효율성을 극대화하고 보다 정교한 보고서 초안을 작성하는 데 얼마나 큰 역할을 하는지 확인할 수 있었습니다. 과거에는 방대한 데이터를 수집하고 정리하는 데 많은 시간과 인력이 필요했지만, 이제는 Google Trends와 ChatGPT를 결합해 시장 동향을 빠르게 분석하고, 실행까지 고려한 전략을 도출할 수 있습니다.

특히 경쟁사 키워드를 분석하고 소비자 트렌드를 예측하는 과정에서 AI는 단순한 데이터 나열을 넘어 패턴을 읽고 숨겨진 기회를 찾아내며 전략적 의사결정을 지원하는 역할을 수행한다는 것을 알 수 있습니다. 이는 시장 변화가 빠른 디지털 환경에서 기업이 경쟁력을 유지하는 데 필수적인 요소가 될 것입니다.

이제 중요한 것은 이러한 분석을 실제 비즈니스 전략에 어떻게 적용할 것인가입니다. AI는 데이터 기반의 의사결정을 지원하는 강력한 도구이지만, 궁극적으로는 이를 해석하고 실행하는 것은 사람의 몫입니다. AI를 활용한 시장조사는 기술과 전략이 결합할 때 비로소 의미 있는 성과를 창출할 수 있다는 점을 기억해야 합니다.

AI를 활용한 시장조사와 보고서 작성의 효과를 극대화하는 방법

AI는 방대한 데이터를 신속하게 수집하고 분석하며 패턴을 식별하고 의미 있는 인사이트를 도출하는 데 탁월한 능력을 발휘합니다. 또한, AI 기반 보고서 작성 도구를 활용하면 데이터 중심의 논리적인 보고서를 보다 효율적으로 생성할 수 있습니다. 그렇다면 AI를 활용해 시장조사와 보고서 작성의 효과를 극대화하는 방법은 무엇일까요? 다음 주의사항들이 시장조사를 보고서화 시키는 데 도움을 줄 수 있습니다.

1. AI가 제공하는 데이터를 그대로 믿지 말고 맥락을 해석하라

AI는 강력한 분석 도구이지만, 단순히 숫자만 제공할 뿐 그 의미를 판단하는 것은 인간의 역할입니다. 예를 들어, Google Trends에서 특정 키워드의 검색량이 증가했다고 해서 그것이 반드시 시장 기회로 직결되는 것은 아닙니다. 다음 내용을 반드시 고려해주세요.

- AI가 도출한 검색 트렌드의 변화를 볼 때, 왜 이러한 변화가 발생했는지 추가적인 맥락을 조사합니다.
- 소셜 미디어, 뉴스 기사, 경쟁사의 최근 캠페인과 연관 지어 검색량 변화를 해석하면 더 유의미한 인사이트를 얻을 수 있습니다.

2. AI 도구는 하나만 사용하지 말고 다양한 도구를 결합하라

Google Trends는 검색량 변화를 분석하는 데 유용하지만, AI 기반 시장조사는 한 가지 도구만으로 완벽하지 않습니다. 경쟁사의 움직임을 더 정교하게 파악하려면 SEMrush, Ahrefs, Brandwatch, ChatGPT와 같은 여러 도구를 함께 활용하는 것이 효과적입니다.

- Google Trends → 키워드 검색량 변화 및 계절성 분석
- SEMrush / Ahrefs → 경쟁사의 검색 광고 및 SEO 전략 분석
- ChatGPT → 수집된 데이터를 정리하고 패턴을 분석해 실행 가능한 전략 도출
- 소셜 미디어 감성 분석(AI Sentiment Analysis) → 소비자들의 반응과 감정 분석

3. AI를 활용한 보고서 초안을 빠르게 작성하는 방법

AI는 단순한 자료 정리뿐만 아니라 보고서의 초안을 빠르게 생성하는 도구로 활용될 수 있습니다. AI가 생성한 초안은 무조건 받아들이는 것이 아니라 구조와 문체를 조정해 최종적으로 다듬는 과정을 거쳐야 합니다. ChatGPT에게 보고서의 전체 구조를 먼저 제시한 후 초안을 요청하면 원하는 구조의 초안을 얻을 수 있습니다.

다음과 같은 구조로 보고서 초안을 작성해줘.
1. 개요
2. 시장조사 결과
3. 경쟁사 분석
4. 향후 전략
5. 결론

- AI가 생성한 보고서 초안을 그대로 사용하지 말고, 핵심 논리를 검토해 추가할 부분과 보완할 부분을 판단합니다.
- 보고서의 문체를 통일하려면 기존에 작성된 회사 내부 문서나 보고서 스타일을 AI에게 학습시키는 것도 좋은 방법입니다('AI로 보고서 문체 개선하기' 장에서 구체적으로 설명합니다).

4. AI 분석 결과를 보고서에 반영할 때, '추천 액션'을 명확히 제시하라

보고서는 단순한 데이터 나열이 아니라, 구체적인 전략을 도출하는 것이 목적입니다. 따라서, AI가 분석한 데이터를 활용할 때는 "그래서 우리는 무엇을 해야 하는가?"에 대한 답을 포함해야 합니다. 데이터를 보여준 후, 반드시 실행할 수 있는 전략을 제안합니다.

- "비건 디저트 검색량이 증가하고 있다."(단순한 데이터 전달)
- "비건 디저트 검색량이 증가하고 있으므로, 우리 브랜드는 비건 라인을 강화하고, '비건 인증'을 강조한 마케팅을 전개해야 한다."(구체적인 액션 포함)

5. AI를 활용한 시장조사의 한계를 인지하고 전문가의 판단을 결합하라

AI는 방대한 데이터를 빠르게 분석할 수 있지만, 결과적으로 시장의 흐름을 읽고 최종 의사결정을 내리는 것은 인간의 몫입니다. AI가 도출한 분석 결과를 전문가의 경험과 직관과 결합해서 해석하는 것이 중요합니다.

AI가 모든 업무를 대체할 수는 없습니다. AI의 분석 결과를 인간이 해석하고 전략적으로 활용하는 것이 더욱 중요합니다. AI는 데이터 분석과 자동화의 강점을 살리고, 인간은 창의적 사고와 전략적 판단을 결합해서 최상의 결과를 만들어내야 합니다.

AI와 인간의 협업을 극대화하는 기업과 조직이 빠르게 변화하는 시장에서 경쟁력을 유지하고 좀 더 효과적인 의사결정을 내릴 수 있을 것입니다. AI를 단순한 자동화 도구가 아닌 전략적 인사이트를 강화하는 파트너로 활용하는 것이야말로 미래의 보고서 작성 방식에서 가장 중요한 요소가 될 것입니다.

AI로 보고서 문체
개선하기

실무 보고서는 작성자마다 글쓰기 스타일, 어휘 선택, 문장 구조가 다르므로 일관성 있는 문체를 유지하기 어렵습니다. AI를 활용하면 문체를 학습하고 표준화해 효율성과 품질을 동시에 높일 수 있습니다. 이 장에서는 AI를 통해 보고서 문체를 학습시키고 활용하는 방법을 단계별로 설명합니다.

왜 보고서 문체를 AI로 학습해야 하는가?

최근 위클리 리포트 관련해 고객사에서 불만을 제기한 적이 있습니다. 담당자가 교체된 후 보고서 문체가 달라졌음을 대해 지적한 것이었습니다. 이전 담당자는 리포트에 간결하고 전문적인 문체를 사용했지만, 담당자가 교체되며 리포트는 설명이 길어지고 구어체에 가까운 표현이 포함되어 비전문적으로 보였습니다. 이후 고객사와 위클리 리포트의 표준화에 대해 논의했고 AI를 활용해 기존 리포트의 스타일을 학습시켰습니다.

고객사의 요청을 반영해 위클리 리포트 형식을 표준화하고 AI로 그 스타일을 학습시켰습니다. AI를 통해 주마다 작성되는 리포트 초안을 생성했고, 고객사는 일관성 있는 리포트를 받아볼 수 있었습니다. 저희로서도 리포트 작성 시간이 단축되었고, 담당자와 관계없이 리포트의 일관성을 유지할 수 있었습니다.

이제 보고서 문체를 AI 학습 데이터로 활용하도록 구조화함으로써 보고서의 품질과 일관성을 동시에 확보하는 방법을 소개하겠습니다.

보고서 문체를 AI로 학습하는 방법(ChatGPT)

ChatGPT에서 보고서 문체를 학습시키고 활용하는 방법은 프롬프트 엔지니어링과 콘텍스트 설정을 통해 이루어집니다. ChatGPT는 특정 데이터셋으로 맞춤형 학습을 진행할 수 없지만, 기존 모델을 기반으로 적절한 지시와 데이터를 활용해 원하는 문체를 반영할 수 있습니다.

1. 문체 분석 및 데이터 준비

먼저 기존 보고서를 분석해 문체의 특징을 도출합니다. 회사에서 이미 작성한 보고서들을 통해 회사가 어떤 문체를 선호하는지 파악하는 것이죠. 예를 들어, '우리 회사는 보고서를 전문적이고 간결한 스타일로 작성하고 중요한 데이터는 항상 서론에서 강조함'이라는 특징을 추출하는 것입니다. 이런 문체 특징을 정리한 후 보고서의 서론, 본론, 결론으로 나누고 어떤 문장 스타일을 사용하는지 구체적으로 분석합니다.

2. ChatGPT의 콘텍스트 설정

이제 ChatGPT에게 우리가 원하는 문체를 알려주는 프롬프트 작성 단계입니다. ChatGPT에게 역할과 규칙을 설정해 명령합니다.

역할 지정 프롬프트 예시	너는 능력 있는 보고서 작성 전문가야. 보고서는 전문적이고 간결한 문체를 유지해야 하며, 데이터와 분석 중심의 내용을 포함해야 해.

"이 데이터를 바탕으로 2025년 1분기 보고서를 간결한 문체로 작성해주세요"라고 입력하면, ChatGPT가 데이터를 활용해 서론, 본론, 결론을 제공합니다. 여기

서 중요한 점은 우리가 샘플 데이터를 제공하면서 ChatGPT가 참고할 수 있는 문장을 제시해야 한다는 것입니다.

문체 규칙 정의 프롬프트 예시	• 문장은 간결하고 핵심을 전달해야 합니다. • 서론은 주제를 명확히 소개하며, 2문장을 넘지 않아야 합니다. • 본론은 데이터와 분석 내용을 포함하며 구체적인 사례를 제공해야 합니다. • 결론은 요약과 명확한 권장 사항을 포함해야 합니다.

3. ChatGPT 학습 과정

ChatGPT가 보고서 문체를 학습하도록 하는 과정은 데이터 입력, 문체 패턴 학습, 샘플 텍스트 생성과 피드백의 세 단계로 이루어집니다. 이 과정에서 반복적인 피드백과 수정 요청을 통해 우리가 의도한 문체로 보고서를 생성할 수 있도록 합니다.

샘플 데이터 학습 프롬프트 예시	아래의 샘플 문체를 학습하세요. • 서론: "이 보고서는 2023년 1분기 매출 성과를 분석하고, 향후 개선 방안을 제안합니다." • 본론: "이번 분기 매출은 전년 대비 15% 증가했으며, 이는 신제품 출시와 신규 고객 확보가 주요 원인으로 분석됩니다." • 결론: "향후 고객 유지 프로그램을 강화해 지속 가능한 성장을 달성하는 것이 중요합니다."

윤쌤의 tip

현재 ChatGPT는 내장된 학습 기능을 통해 특정한 문체를 바로 익히는 것이 불가능합니다. 대화창에서 원하는 문체를 지속적으로 사용하거나 프롬프트를 통해 명령하면 GPT가 대화를 진행하는 동안 해당 스타일에 맞춰 응답하려고 노력합니다.

예를 들면,
- 논문 스타일: 객관적이고 분석적인 어조로, 논리적 흐름이 강조된 문장 구성
- 비즈니스 리포트 스타일: 간결하고 명확한 문장, 데이터 기반 인사이트 포함
- 에세이 스타일: 유려한 흐름과 감성적 표현이 포함된 서술
- 문학적 서술: 서정적이고 비유적인 표현이 풍부한 문체

이런 식으로 특정한 문체를 정해주거나 기존에 참고할 만한 텍스트를 제시하면 그 스타일에 맞춰 글을 다듬을 수 있습니다.

4. 반복 피드백으로 문체 개선

이후에는 ChatGPT가 작성한 텍스트를 검토하면서 피드백을 반복적으로 주는 과정이 중요합니다. 만약 생성된 보고서가 우리가 원하는 스타일과 조금 다르다면, "서론이 너무 일반적이야.. 데이터를 포함해서 더 구체적으로 작성해줘"라거나 "결론 부분이 너무 길어. 핵심 내용만 간결하게 요약해줘"라고 수정 요청을 하면 됩니다. ChatGPT는 이런 피드백을 반영해서 점점 더 원하는 스타일에 맞게 보고서를 만들어줍니다.

프롬프트 예시	• 서론이 너무 일반적이야. 데이터를 더 포함해서 구체적으로 작성해줘. • 본론에서 데이터 분석이 부족해. 신규 고객 확보와 관련된 구체적인 수치를 추가해줘.

모호하게 쓴 보고서 문장을 분석하고 피드백을 제공해 개선해보겠습니다.

답변	본 보고서는 현재 조직이 직면한 주요 과제와 이를 둘러싼 환경적 요인들을 심층적으로 분석해 향후 전략적 방향성을 제시하는 것을 목적으로 합니다. 급변하는 시장 환경과 다양한 이해관계자의 요구를 반영하는 동시에, 현재의 자원과 역량을 최적화해 지속 가능한 성과를 달성할 수 있는 방안을 도출하는 데 중점을 두고 있습니다.

위 문장을 분석한 결과는 아래와 같습니다.

프롬프트	(위 문장 삽입) 위 문장의 문제점을 분석하고 개선해야 할 점을 도출해줘.
답변	해당 문장 자체의 문제를 분석하자면 다음과 같은 개선 및 문제점이 도출됩니다.

1. 문장의 구조
장점
• 문장은 논리적이며, 목적과 목표를 명확히 전달하려고 시도합니다.
문제
• 문장이 너무 길고 복합적이라 독자가 핵심 메시지를 한눈에 파악하기 어렵습니다.
• 주요 키워드(예: '급변하는 시장 환경', '이해관계자의 요구', '자원과 역량')가 구체적으로 정의되지 않아 추상적입니다.

2. 표현 방식
장점
• 전문적이고 포괄적인 어휘(예: '심층적으로 분석', '전략적 방향성', '지속 가능한 성과')를 사용해 보고서의 목적을 강조합니다.
문제
• 지나치게 형식적이고 추상적인 표현으로 인해 독자가 명확히 이해하기 어렵습니다.
• '급변하는 시장 환경', '이해관계자의 요구', '자원과 역량' 등 핵심 요소에 대한 구체적인 사례나 예시가 부족합니다.

3. 가독성
• 문장의 길이가 길고, 쉼표(,)로 구분된 절이 많아 독자가 읽는 데 부담이 됩니다.
• 문장 내에서 논리적으로 연결된 요소가 많아 독자가 혼란을 느낄 가능성이 있습니다.

답변	4. 명확성 부족
	• '급변하는 시장 환경'과 '다양한 이해관계자의 요구'가 구체적으로 무엇을 의미하는지 설명이 없습니다.
	• 예를 들어, 시장 환경이 기술 변화인지, 소비자 행동 변화인지 알기 어렵습니다.
	• 이해관계자가 누구인지 구체적으로 정의되지 않았습니다(예: 고객, 투자자, 정부 등)
	5. 목적의 모호성
	'지속 가능한 성과'라는 목표는 너무 일반적이고, 조직의 특성이나 상황에 따라 해석이 달라질 수 있습니다.
	'자원과 역량을 최적화한다'라는 표현도 구체적인 실행 방안을 제시하기보다는 원론적인 수준에 머물러 있습니다.

이제 도출된 문제를 분석하고 이를 바탕으로 프롬프트를 만들어 글을 수정해봅니다.

프롬프트	아래 내용을 반영해 글을 에디팅해줘.
	• 문장을 짧고 간결하게 나눠 재구성
	• 추상적인 표현을 구체적인 사례나 범위로 대체
	• 목표나 목적을 구체적이고 명확한 결과로 구성
	• 중복된 의미를 제거하고 간결하게 표현
	• 복잡한 구조를 단순화하고 논리적 흐름을 유지
답변	이 보고서는 조직이 직면한 주요 과제를 심층 분석합니다. 디지털 전환과 규제 강화 등 급변하는 시장 환경과 고객 및 투자자의 요구를 반영한 전략적 방향성을 제시합니다. 또한, 제한된 자원과 현재 역량을 효율적으로 활용해 장기적으로 지속 가능한 성과를 달성할 방안을 모색합니다.

원문	본 보고서는 현재 조직이 직면한 주요 과제와 이를 둘러싼 환경적 요인들을 심층적으로 분석해 향후 전략적 방향성을 제시하는 것을 목적으로 합니다. 급변하는 시장 환경과 다양한 이해관계자의 요구를 반영하는 동시에, 현재의 자원과 역량을 최적화해 지속 가능한 성과를 달성할 수 있는 방안을 도출하는 데 중점을 두고 있습니다.

▼

수정된 문장	이 보고서는 조직이 직면한 주요 과제를 심층 분석합니다. 디지털 전환과 규제 강화 등 급변하는 시장 환경과 고객 및 투자자의 요구를 반영한 전략적 방향성을 제시합니다. 또한, 제한된 자원과 현재 역량을 효율적으로 활용해 장기적으로 지속 가능한 성과를 달성할 방안을 모색합니다.

GPT는 수정 문장 이외에도 원문 문장 및 반영 사항을 도출해 보고서를 쓰는 사람이 전반적인 흐름을 파악할 수 있도록 했습니다.

마지막으로, 학습된 ChatGPT를 반복적으로 활용하는 단계입니다. 이제 데이터만 입력하면 매주 반복적으로 작성해야 하는 주간 보고서나 월간 리포트를 빠르게 초안 형태로 생성할 수 있습니다. 이뿐만 아니라, 기존 보고서를 업로드해서 "이 문서를 우리가 설정한 문체에 맞게 다듬어 주세요"라고 요청하면, 기존 보고서의 스타일도 일관되게 정리할 수 있습니다.

결국 이 모든 과정은 GPT가 우리 회사의 보고서 스타일을 이해하도록 돕는 과정입니다. 처음에는 데이터 정리와 프롬프트 작성에 시간이 좀 걸릴 수 있지만, 한번 설정해두면 일관된 문체를 유지하면서도 보고서 작성 속도를 크게 높일 수 있습니다.

일반적인 비즈니스 보고서에 쓰이는 어조와 스타일입니다.

어조(Tone)
- 객관적이고 중립적: 감정을 배제하고 사실과 데이터를 중심으로 서술합니다.
- 명료하고 간결: 불필요한 수식어나 장황한 설명을 피하고 핵심 내용을 간결하게 전달합니다.
- 전문적이고 정중과 독자를 배려하는 태도로 격식을 갖춘 표현을 사용합니다.

스타일(Style)
- 구조화된 구성
  - 제목과 소제목을 활용해 논리적으로 내용을 정리합니다.
  - 목차를 추가해 가독성을 높이고 독자가 쉽게 원하는 정보를 찾을 수 있도록 합니다.
- 번호와 리스트 활용
  - 중요한 내용을 단계적으로 정리합니다.
    예: "1. 현황 분석, 2. 문제점 파악, 3. 개선 방안"
- 시각적 요소 활용
  - 표, 그래프, 차트를 사용해 데이터를 명확하게 전달합니다.

AI로 실전 보고서 작성하기

이제는 초안 및 시장조사 데이터를 바탕으로 보고서의 완성도를 높이는 단계로 들어가야 합니다. AI가 생성한 초안은 기초적인 틀이어서 실제 데이터를 결합하고 논리적 흐름을 강화하며 가독성을 개선하는 작업이 필요합니다. AI를 활용해 이러한 작업을 효과적으로 수행하면 보고서의 품질이 높아질 뿐만 아니라, 작성자의 작업 부담도 경감될 수 있습니다.

이 장에서는 AI 초안을 실질적인 보고서로 변환하기 위해 필요한 데이터 보강 방법, 논리적 구성 정리 기법, 문장의 가독성을 높이는 전략을 다룰 것입니다.

AI 초안에 데이터를 결합해 서술하는 방법

보고서는 특정 주장을 전달하거나 의사결정을 지원하는 목적을 가지기 때문에 객관적인 문장을 작성하는 것이 중요합니다. 보고서의 신뢰도를 높이기 위해서는 주관적인 감정을 배제하고, 명확한 근거를 바탕으로 논리적인 서술 방식을 유지해야 합니다. AI가 생성한 초안은 일반적인 서술로 구성되어 있으며, 구체적인 수치나 근거 자료가 부족한 경우가 있습니다. 따라서 실제 데이터를 반영해 보고서의 신뢰도를 높이는 과정이 필수적입니다.

1. AI와 데이터를 결합하는 3단계 방법

1) 데이터 수집 및 정리

AI가 생성한 초안에서 수치가 필요한 부분을 먼저 식별한 뒤, 공식 보고서나 정부 기관 자료, 내부 데이터 등 신뢰할 수 있는 출처에서 관련 데이터를 수집합니다. 이후, 수집한 데이터를 정리해서 AI가 반영할 수 있도록 적용 요청합니다.

초안 샘플	우리 회사의 ESG 성과는 지난 3년 동안 꾸준히 개선되었으며, 환경 부문에서의 추가적인 노력이 필요합니다. 그러나 현재 경쟁사 대비 ESG 점수가 다소 낮아 추가적인 전략이 요구됩니다.
프롬프트	위 초안에 다음 데이터를 반영해 문장을 수정해줘. - 최근 3년간 ESG 점수: 2021년(75점), 2022년(78점), 2023년(80점) - 경쟁사 ESG 점수: A사(82점), B사(79점) - 개선이 필요한 환경 부문: 탄소 배출(2023년 목표 대비 15% 미달)
답변	이 보고서는 우리 회사의 ESG 성과는 지난 3년 동안 꾸준히 개선되어 2021년 75점, 2022년 78점, 2023년 80점을 기록했습니다. 그러나 경쟁사 대비 여전히 낮은 수준으로, A사가 82점, B사가 79점을 기록한 것과 비교했을 때 추가적인 전략이 요구됩니다. 특히 환경 부문에서는 탄소 배출이 2023년 목표 대비 15% 미달해 개선이 필요한 상황입니다. 이에 따라 환경 성과를 더욱 강화할 수 있는 보완책 마련이 필요합니다. 조직이 직면한 주요 과제를 심층 분석합니다. 디지털 전환과 규제 강화 등 급변하는 시장 환경과 고객 및 투자자의 요구를 반영한 전략적 방향성을 제시합니다. 또한, 제한된 자원과 현재 역량을 효율적으로 활용해 장기적으로 지속 가능한 성과를 달성할 방안을 모색합니다.

2) AI를 활용한 데이터 분석 및 적용

AI는 단순히 데이터를 삽입하는 것뿐만 아니라 수치를 비교하고 분석하는 역할도 수행할 수 있습니다.

다음 초안 샘플은 ESG 점수 증가율에 대한 구체적인 수치가 제시되어 있지 않고 경쟁사 대비 어떤 강점과 약점이 있는지 서술되어 있지 않습니다. 자사 수치와 경쟁사와의 비교를 통해 시사점을 도출하는 것이 중요합니다.

초안 샘플

우리 회사의 ESG 성과는 지난 3년 동안 꾸준히 개선되었으며, 환경 부문에서의 추가적인 노력이 필요합니다. 그러나 현재 경쟁사 대비 ESG 점수가 다소 낮아 추가적인 전략이 요구됩니다.

프롬프트

위 초안을 다음 분석 내용을 반영해 보완해줘.

- ESG 점수 증가율 분석
- 경쟁사 대비 당사의 강점과 약점 정리
- ESG 점수 변화의 주요 원인

답변

우리 회사의 ESG 성과는 지난 3년 동안 꾸준히 개선되어 2021년 75점, 2022년 78점, 2023년 80점을 기록하며 연평균 3.3%의 증가율을 보였습니다. 이는 지속적인 노력의 결과로 나타난 긍정적인 흐름이지만, 경쟁사와의 격차를 줄이기 위해 추가적인 전략적 대응이 필요합니다.

경쟁사와 비교했을 때, 우리 회사는 사회(S) 및 거버넌스(G) 부문에서 상대적으로 우수한 평가를 받고 있으며, 특히 윤리 경영 및 직원 복지 개선 측면에서 강점을 보이고 있습니다. 그러나 환경(E) 부문에서는 경쟁사 대비 낮은 점수를 기록하고 있으며, 2023년 기준 탄소 배출량이 목표 대비 15% 미달하는 등 개선이 필요한 요소가 확인되었습니다.

지난 3년간 ESG 점수 증가의 주요 원인은 지속적인 사회적 책임 활동 확대, 내부 준법 감시 강화, 친환경 경영 도입 확대 등에 기인합니다. 그러나 환경 부문의 점진적 개선에도 불구하고 탄소 감축 성과 미흡, 친환경 에너지 도입 속도 부족 등이 전체 ESG 점수 상승을 제한하는 요인으로 작용하고 있습니다.

이에 따라, ESG 경쟁력을 강화하기 위해 환경 부문 개선을 위한 구체적인 감축 목표 재설정, 친환경 기술 및 에너지 전환 가속화, 지속 가능한 공급망 관리 강화 등의 전략적 대응이 필요합니다.

3) 데이터 기반 논리 구성 강화

이제 AI가 작성한 내용이 데이터와 일관성이 있는지 확인해야 합니다. 분석 내용이 논리적으로 연결되도록 AI에게 문장을 다듬어 달라고 요청합니다.

초안 샘플	경쟁사 대비 ESG 점수에서 다소 열세를 보이는 우리 기업은 환경 부문 개선을 위한 전략적 접근이 필요합니다.

프롬프트	위 초안의 논리적 흐름을 강화하고, 데이터 기반 인사이트를 추가해 완성도를 높여줘.
답변	경쟁사 대비 ESG 점수에서 다소 열세를 보이는 우리 기업은 환경 부문 개선을 위한 전략적 접근이 필수적입니다. 지난 3년간 ESG 점수가 75점(2021년) → 78점(2022년) → 80점(2023년)으로 연평균 3.3% 상승하며 지속적으로 개선되고 있지만, 경쟁사 A사(82점) 및 B사(79점) 대비 상대적으로 낮은 수준을 유지하고 있습니다. 세부적으로 분석하면, 우리 기업은 사회(S) 및 거버넌스(G) 부문에서 윤리 경영 강화, 직원 복지 개선, 내부 준법 감시 체계 확립 등의 노력을 통해 경쟁사 대비 우위를 점하고 있습니다. 그러나 환경(E) 부문에서 탄소 배출 감축 목표 미달(2023년 목표 대비 15% 부족), 친환경 에너지 전환 속도 둔화 등의 한계점이 ESG 점수 상승을 저해하는 주요 요인으로 작용하고 있습니다. 특히, 환경 부문의 성과가 전체 ESG 평가에 미치는 영향력이 점점 증가하는 글로벌 트렌드를 고려할 때, 탄소 배출 감축 목표를 현실적으로 재설정하고, 친환경 기술 투자 확대 및 지속 가능한 공급망 관리를 강화하는 전략적 대응이 시급합니다. 이를 통해, 단순한 점수 상승을 넘어 장기적인 ESG 경쟁력을 확보하고, 지속 가능한 기업 가치를 창출할 수 있을 것입니다.

AI를 활용한 보고서 구조화 및 논리적 구성

보고서는 단순한 정보 전달이 아니라 논리적이고 체계적인 방식으로 내용을 구성해 독자가 효과적으로 이해하고 활용할 수 있도록 하는 문서입니다. 서론-본론-결론 구조를 따르는 것은 보고서의 논리성을 강화하고, 독자가 핵심 내용을 쉽게 파악할 수 있도록 합니다.

1. 서론의 명확한 목적 설정

보고서의 서론(Introduction)은 독자가 본문을 이해하는 데 필요한 배경을 제공하고, 보고서의 목적과 범위를 명확히 설명하는 역할을 합니다. 서론이 효과적으로 작성되면 독자는 보고서의 핵심 내용을 신속하게 파악할 수 있으며, 본문에서 논의될 내용에 대한 기대치를 형성할 수 있습니다.

초안 샘플	본 보고서는 당사의 ESG 성과를 분석하고, 향후 개선 방향을 제시하는 것을 목적으로 합니다.
프롬프트	(데이터 입력) 위 초안을 보완해 보다 명확한 목적을 강조하고, 독자가 이해하기 쉬운 문장으로 정리해줘.
답변	본 보고서는 당사의 ESG 성과를 종합적으로 분석하고, 경쟁사 대비 강점과 개선이 필요한 부분을 도출해 향후 ESG 경쟁력을 강화하기 위한 구체적인 개선 방향을 제시하는 것을 목표로 합니다. 이를 통해 지속 가능한 성장과 기업 가치 향상에 기여할 전략적 대응 방안을 마련하는 데 초점을 맞추고 있습니다.

기존 문장은 목적을 단순히 "ESG 성과를 분석하고 개선 방향을 제시한다"라고만 서술했는데, 이를 더 구체적이고 명확하게 표현하기 위해 위와 같은 방식으로 보완했습니다. 보고서의 서론은 단순한 목적 서술에서 벗어나 "왜 이 보고서가 중요한가?", "이 보고서를 통해 기업이 얻을 수 있는 가치는 무엇인가?"를 보다 분명하게 전달해야 합니다.

보고서 서론 문장 작성 시 주의해야 할 점

보고서 서론에서는 목적(Purpose) 이외에도 배경(Background), 범위(Scope), 주요 내용(Overview), 연구 방법(Methodology) 등이 서술되어야 합니다.

"이 연구의 목적은 2024년 상반기 마케팅 캠페인의 성과를 평가하고, 향후 전략 수립을 위한 시사점을 도출하는 것이다."

▶ 목적을 제시할 때는 '이 보고서는 ∼을 목적으로 한다'와 같이 명확한 문장을 사용하고, 불필요한 설명을 줄이는 것이 중요합니다.

"최근 5년간 국내 기업의 원격 근무 도입이 증가함에 따라, 업무 효율성과 조직문화 변화에 대한 연구가 활발히 진행되고 있다. 본 보고서는 이러한 변화 속에서 기업이 직면한 과제를 분석하고 해결 방안을 제시한다."

▶ 배경을 설명할 때는 객관적인 데이터나 기존 연구 결과를 인용하면 신뢰도를 높일 수 있습니다.

"본 보고서는 2024년 1월부터 6월까지의 마케팅 데이터만을 분석 대상으로 하며, 해외 시장의 성과는 포함하지 않는다."

▶ 범위를 명확히 설정하면 보고서의 초점이 분명해지고, 독자가 보고서의 한계를 이해하는 데 도움이 됩니다.

"본 보고서는 먼저 국내 원격 근무 도입 현황을 분석하고, 주요 기업 사례를 검토한 후, 효과적인 원격 근무 정책을 제안하는 방식으로 구성된다."

▶ 본문 내용을 일목요연하게 정리하되, 너무 자세한 설명은 피하고 전체적인 흐름을 강조하는 것이 좋습니다.

"본 연구에서는 국내 주요 기업 50곳을 대상으로 설문조사를 실시했으며, 분석에는 SPSS 통계 프로그램을 활용했다."

▶ 연구 방법을 설명할 때는 연구 대상, 데이터 수집 방식, 분석 도구 등을 간략히 명시합니다.

2. 본론의 체계적 구성

보고서의 본론(Body)은 보고서의 핵심 내용을 담는 가장 중요한 부분입니다. 서론에서 제시한 문제나 목적을 구체적으로 설명하고, 데이터를 분석하며, 논리적 근거를 제시하는 역할을 합니다. 본론이 탄탄해야 보고서의 신뢰성이 높아지고, 결론에서 도출한 시사점이나 정책 제안이 설득력이 있을 수 있습니다.

AI를 활용하면 데이터 분석, 문장 생성, 논리적 구성 보완 등 다양한 방식으로 보고서 본문 작성의 효율성을 높일 수 있습니다. 다만, AI를 무조건 활용하기보다 목적과 용도에 맞게 전략적으로 사용하는 것이 중요합니다.

초안 샘플	1. ESG 성과 분석 2. 경쟁사 비교 3. 환경 부문 개선 방안
프롬프트	(데이터 입력) 위 초안의 논리적 흐름을 강화하고, 데이터 기반 인사이트를 추가해 완성도를 높여줘.
답변	1. ESG 성과 분석 지난 3년간 당사의 ESG 점수는 꾸준히 상승하며 2021년 75점 → 2022년 78점 → 2023년 80점을 기록했습니다. 이는 연평균 3.3%의 개선율을 보이며, 지속적인 ESG 경영 노력이 반영된 결과입니다. 특히 사회(S)와 거버넌스(G) 부문에서는 윤리 경영 강화, 직원 복지 증진, 내부 준법 감시 체계 확립 등의 노력이 점수 상승을 견인했습니다. 그러나 ESG 성과의 핵심 평가 요소 중 하나인 환경(E) 부문에서의 개선 속도는 상대적으로 더딘 양상을 보입니다. 탄소 배출 감축, 친환경 에너지 도입, 지속 가능한 공급망 관리 등의 지표에서 목표 대비 미달한 부분이 확인되었으며, 이는 전반적인 ESG 평가에서 한계 요인으로 작용하고 있습니다. 2. 경쟁사 비교 경쟁사와 비교했을 때, 당사의 ESG 점수(2023년 기준 80점)는 A사(82점)에는 미치지 못하지만, B사(79점)보다는 높은 수준을 유지하고 있습니다.

답변	세부적으로 살펴보면:

세부적으로 살펴보면:

- 사회(S) 및 거버넌스(G) 부문에서는 경쟁사 대비 우위를 점하고 있으며, 특히 윤리 경영 및 노동 환경 개선 측면에서 A사보다 높은 평가를 받고 있습니다.
- 환경(E) 부문에서는 A사 대비 점수가 낮고, B사와 비슷한 수준으로 평가되었습니다. 특히 탄소 배출 감축 성과와 친환경 기술 투자 부문에서 A사와의 격차가 두드러집니다.

A사는 재생에너지 사용률을 50% 이상 확보하고 있으며, 공급망 내 친환경 기준을 강화하면서 환경 점수를 높이고 있습니다. 반면, 당사는 여전히 탄소 배출 감축 목표(2023년 기준 목표 대비 15% 미달)를 달성하지 못하고 있어, 환경 부문에서의 보완 전략이 요구되는 상황입니다.

3. 환경 부문 개선 방안
환경 부문에서의 성과를 높이기 위해 다음과 같은 전략적 접근이 필요합니다:

1) 탄소 배출 감축 목표의 재설정 및 실행력 강화
- 기존 목표 대비 실현 가능성을 고려한 단기·중기·장기 목표 재정립
- 데이터 기반 탄소 배출 모니터링 시스템 도입 및 감축 성과의 투명한 공개

2) 친환경 기술 및 재생에너지 활용 확대
- A사의 사례를 참고해, 친환경 에너지 사용 비율을 점진적으로 확대
- 친환경 소재 및 공정 개선을 위한 기술 투자 강화

3) 공급망 내 지속 가능성 관리 체계 도입
- 협력사 대상 ESG 기준 적용 강화 및 친환경 인증 기업과의 협력 확대
- 지속 가능한 조달 정책 도입을 통해 환경 영향을 최소화

이를 통해 단순히 ESG 점수를 높이는 것이 아니라, 실질적인 환경 성과 개선을 이루어 기업의 지속 가능성을 강화하는 전략적 방향을 수립할 필요가 있습니다.

위에 생성된 본문은 AI를 활용해 보고서를 구성하는 하나의 사례입니다. AI는 단순히 문장을 생성하는 것을 넘어, 데이터 분석 결과를 구조화하고, 논리적 흐름을 강화하며, 인사이트를 도출하는 데 효과적으로 활용될 수 있습니다. 이러한 과정을 통해 작성자는 좀 더 빠르고 체계적으로 보고서를 완성할 수 있으며,

핵심 내용을 놓치지 않고 전달할 수 있습니다.

AI는 보고서 본문에서 활용할 통계 분석, 트렌드 분석, 데이터 시각화 작업을
빠르게 수행할 수 있습니다.

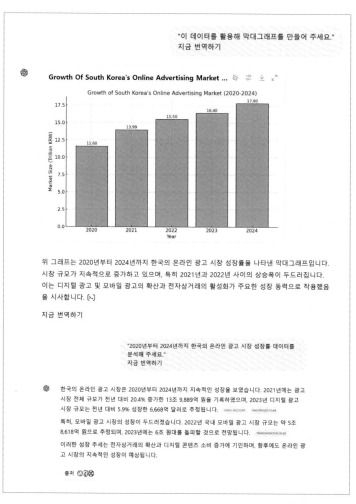

출처: ChatGPT

보고서 본문에서는 비교 분석이 중요한 역할을 합니다. 단순한 데이터 나열이나 개별적인 사실의 나열만으로는 의미 있는 결론을 도출하기 어렵기 때문입니다. 비교 분석을 통해 특정 대상의 강점과 약점을 상대적인 기준에서 평가할 수 있으며, 이를 바탕으로 좀 더 객관적이고 설득력 있는 인사이트를 도출할 수 있습니다.

프롬프트	디지털 마케팅과 전통 마케팅의 차이를 표로 정리해줘.
답변	위 표에서는 디지털 마케팅과 전통 마케팅의 차이를 세로로 정리해 비교했습니다. 각 항목별로 두 마케팅 방식의 차이를 한눈에 보기 쉽게 배열했으며, 접근 방식, 타깃팅, 비용 효율성, 성과 측정, 소통 방식 등에서 디지털 마케팅이 보다 데이터 기반으로 개인화된 접근이 가능한 반면, 전통 마케팅은 대중적이고 일방적인 전달 방식이 주를 이루는 점이 특징입니다.

3. AI를 활용해 결론 도출 및 요약하는 방법

보고서나 글을 작성할 때 결론은 단순한 마무리가 아니라 핵심 메시지를 강조하고 독자가 얻어야 할 통찰을 정리하는 중요한 부분입니다. 결론이 없는 글은 단순한 정보 나열로 끝나버릴 가능성이 높으며 독자가 가장 기억해야 할 핵심 내용을 놓칠 수도 있습니다.

결론은 보고서에서 제시한 내용을 바탕으로 실행 가능한 제안이나 향후 전망을 포함해야 합니다. 다음 초안 샘플을 AI를 활용해 개선해봅시다.

초안 샘플	향후 ESG 전략을 강화하기 위해 탄소 배출 감축 목표를 상향 조정하고, 친환경 기술 개발을 가속화할 계획입니다.
프롬프트	위 초안을 보다 구체적이고 설득력 있게 다듬어줘.
답변	향후 ESG 전략을 더욱 강화하기 위해, 탄소 배출 감축 목표를 기존 대비 △% 상향 조정하고, 20XX년까지 탄소 중립을 달성하는 로드맵을 수립할 예정입니다. 이를 실현하기 위해 재생에너지 활용 비율을 현재 X%에서 Y%까지 확대하고, 친환경 기술 개발 및 저탄소 생산 공정 도입을 가속화할 계획입니다. 또한, 협력사와의 지속 가능한 공급망 구축을 강화해 기업 전체의 탄소 발자국을 줄이는 종합적인 전략을 추진할 예정입니다. 이를 통해 ESG 성과를 개선하는 동시에, 장기적으로 지속 가능한 경쟁력을 확보하고자 합니다.

AI는 결론을 작성할 때 핵심 요약, 논리적 연결, 실행 가능성, 설득력을 고려해 문장을 구성합니다. 이러한 원칙을 기반으로 결론을 작성하면 보고서 전체의 흐름을 자연스럽게 정리하면서도 독자에게 명확한 메시지를 전달할 수 있습니다. 보고서 본론에서 논의한 내용을 바탕으로 결론을 도출하는 데 AI를 활용할 수 있습니다.

AI 활용 예시	아래 내용을 바탕으로 보고서의 결론을 작성해줘. • 디지털 마케팅 시장의 성장 • SNS 및 SEO의 효과성 검증 • 기업들의 성공 사례 분석 • 향후 디지털 마케팅 전략 방향
AI가 생성한 결론 예시	디지털 마케팅은 기업의 성과 향상에 중요한 역할을 하고 있으며, 특히 SNS 및 검색 엔진 최적화가 효과적인 전략으로 자리 잡고 있습니다. 성공 사례를 통해 디지털 마케팅의 긍정적인 영향을 확인할 수 있으며, 앞으로 기업들은 맞춤형 마케팅 전략과 데이터 기반 의사결정을 더욱 강화할 필요가 있습니다.

윤쌤의 tip

AI가 생성한 결론이 본론의 내용과 논리적으로 일관성이 있는지 반드시 검토해야 합니다.

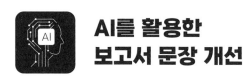

AI를 활용한 보고서 문장 개선

보고서는 단순히 정보를 전달하는 문서가 아니라 명확하고 설득력 있게 내용을 전달하는 도구입니다. 아무리 좋은 내용이 담겨 있더라도 문장이 지나치게 길거나 난해하면, 독자가 핵심 메시지를 파악하기 어렵습니다. 따라서 가독성을 높이고 문장을 다듬는 과정은 보고서 작성의 필수적인 단계라고 할 수 있습니다.

AI는 문장 구조를 정리하고 가독성을 개선하는 데 있어 강력한 도구로 활용될 수 있습니다. 이 장에서는 AI를 이용해 문장을 보다 간결하고 논리적으로 정리하는 방법을 구체적으로 살펴보고, 실전에서 적용할 수 있는 기법을 소개합니다.

AI를 활용한 문장 다듬기의 원칙

AI를 활용해 문장을 다듬을 때는 단순한 문법 수정뿐만 아니라 문장의 명확성, 논리적 흐름, 그리고 독자가 쉽게 이해할 수 있도록 가독성을 높이는 것을 목표로 삼아야 합니다. 다음 원칙을 기반으로 AI를 활용해 문장을 효과적으로 다듬어 봅시다.

1. 간결한 문장 구조 만들기
- 복잡한 문장을 단순화하고 불필요한 수식을 제거해 독자가 빠르게 이해할

수 있도록 정리합니다.

- 긴 문장을 여러 개의 짧은 문장으로 나눠서 가독성을 높입니다.

> **예제**
> - 원문: 당사의 ESG 전략은 지속 가능성을 위한 장기적인 비전과 환경적 책임을 강화하기 위해 설계되었습니다.
> - 수정: 당사의 ESG 전략은 지속 가능성을 목표로 하며 환경적 책임을 강화하도록 설계되었습니다.

'지속 가능성을 위한 장기적인 비전'이라는 표현은 자칫 장황하게 보일 수 있기 때문에 '지속 가능성' 자체를 '목표'로 두었다고 정리하면 간결해 보입니다.

2. 명확한 용어 사용하기

- AI를 활용해 모호한 표현을 구체화하고 전문 용어를 적절히 변환합니다.
- 불필요한 수식어를 줄이고 직관적인 단어를 선택합니다.

> **예제**
> - 원문: 이는 기업의 지속 가능성을 보장하는 데 있어서 매우 중요한 요소로 작용할 가능성이 큽니다.
> - 수정: 이는 기업 지속 가능성의 핵심 요소입니다.

원문의 표현 중 "작용할 가능성이 큽니다"라는 말은 보고서의 명확성을 해칠 수 있습니다. 추측성 서술어보다는 명확한 서술어를 사용해 독자가 직관적으로 문장을 이해할 수 있게 돕습니다.

3. 수동적 표현을 능동적 표현으로 변환하기

- AI는 수동형 문장을 능동형 문장으로 변환해 가독성을 높이는 데 도움을 줄 수 있습니다.

수동형 문장은 종종 문장을 모호하게 만들고, 독자가 정보의 출처나 행위 주체를 명확하게 파악하기 어렵게 만듭니다. 보고서와 같은 공식 문서에서는 독자가 내용을 신속하고 명확하게 이해할 수 있도록 하는 것이 중요하므로 수동형 문장의 사용을 최소화하는 것이 좋습니다. '고객 만족도 조사를 바탕으로 작성된'이라는 표현을 '보고서'가 '조사 결과를 반영'했다고 수정하면, 독자가 더 쉽게 이해할 수 있습니다.

AI를 활용한 가독성 개선 기법

AI를 활용하면 단순히 문장을 정리하는 것에 그치지 않고, 보고서의 전체적인 가독성을 개선하는 데도 활용할 수 있습니다. 이는 문장 단위의 수정뿐만 아니라 단락 간 논리적 연결 강화, 핵심 메시지 강조, 중복 표현 제거, 그리고 독자가 정보를 좀 더 쉽게 이해할 수 있도록 구조를 최적화하는 작업까지 포함합니다.

1. 긴 문장을 짧게 나누기

• AI에게 "이 문장을 더 간결하게 만들어주세요"라고 요청하면, 문장을 자연스럽게 줄일 수 있습니다.

답변	ESG 경영은 필수 요소가 되었으며, 기업들은 지속 가능성을 위한 전략을 도입하고 있습니다.

원문은 문장이 길어지는 바람에 읽는 이로 하여금 한눈에 의미를 파악하기 어렵게 만들 수 있습니다. AI는 이러한 문장을 흐름은 그대로 두고, 의미 단위별로 나누어 보다 읽기 쉬운 형태로 재구성했습니다. 핵심은 내용을 생략하지 않으면서도 문장을 짧고 명확하게 나누는 데 있습니다.

2. 문장의 논리적 연결성 강화
- AI는 문장 간의 연결이 자연스럽도록 조정할 수 있습니다.
- 문맥이 어색하거나 갑작스럽게 전환되는 부분을 매끄럽게 수정합니다.

프롬프트	다음 문장의 논리적 흐름이 자연스러워지도록 수정해줘. "최근 기업들은 ESG 경영을 강화하고 있습니다. 특히 환경 보호와 사회적 책임이 강조되고 있습니다. 이는 규제 강화와 투자자들의 관심이 높아지고 있기 때문입니다. 기업들은 탄소 배출 감축과 윤리적 공급망 관리를 도입하고 있습니다."
답변	최근 기업들은 ESG 경영을 적극적으로 강화하고 있습니다. 이는 정부의 환경 규제 강화와 투자자들의 지속 가능성에 대한 관심 증가가 주요 요인으로 작용하고 있기 때문입니다. 이에 따라 기업들은 탄소 배출 감축 목표를 설정하고, 윤리적 공급망 관리 및 친환경 기술 도입을 확대하는 등 실질적인 ESG 전략을 추진하고 있습니다.

원문에서는 '환경 보호와 사회적 책임이 강조되고 있다'와 '이는 규제 강화와 투자자들의 관심 때문'이라는 문장이 자연스럽게 연결되지 않았습니다. 수정된 문장에서는 '이는 정부의 환경 규제 강화와 투자자들의 지속 가능성에 대한 관심 증가가 주요 요인으로 작용하고 있기 때문입니다'라고 서술해 원인과 결과의 관계를 더 명확히 했습니다.

3. 문장 요약 및 강조하기

- AI를 활용해 긴 단락을 요약하거나, 주요 내용을 강조할 수 있습니다.

프롬프트	다음 문장을 더 간결하고 핵심이 강조되도록 요약해줘. "기업들은 ESG 경영을 강화하기 위해 탄소 배출 감축, 친환경 기술 도입, 윤리적 공급망 구축, 지속 가능한 경영 원칙 적용 등의 전략을 추진하고 있습니다. 이러한 노력을 통해 환경 보호뿐만 아니라 장기적인 기업 경쟁력도 함께 높이고자 합니다."
답변	기업들은 탄소 감축, 친환경 기술, 윤리적 공급망 구축을 중심으로 ESG 경영을 강화하고 있습니다. 이를 통해 환경 보호와 장기적 경쟁력 확보를 동시에 추구합니다.

'탄소 배출 감축, 친환경 기술 도입, 윤리적 공급망 구축, 지속 가능한 경영 원칙 적용'이라는 단어들을 '탄소 감축, 친환경 기술, 윤리적 공급망 구축'과 같이 핵심 개념 단어들로 요약합니다. 또 불필요한 '하기 위해'라는 표현을 줄여 문장을 더욱 직관적으로 만듭니다. 이를 통해 정보 전달력이 높아지고 핵심이 강조된 문장으로 개선되었습니다.

마지막으로 AI가 제공하는 수정안을 검토하고 사람이 문맥에 맞게 조정하는 과정이 필요합니다. AI가 제안한 수정안을 그대로 사용하는 것이 아니라 조직의 문체 및 보고서 목적에 맞춰 조정하는 것이 중요합니다.

보고서 챗봇(GPTs) 만들기

보고서 작성은 단순한 정보 정리에서 벗어나 데이터 분석, 문서 구성, 문체 일관성 유지 등 복합적인 작업이 요구되는 과정입니다. 이러한 과정에서 AI 챗봇을 활용하면 반복적인 작업을 자동화하고, 보고서의 품질을 일정하게 유지하며, 생산성을 극대화할 수 있습니다.

GPTs(GPT-4 기반 맞춤형 챗봇)를 활용하면, 기업 맞춤형 보고서 작성 도우미를 구축할 수 있으며, 특정 문서 스타일과 데이터를 학습해 더욱 정밀한 보고서 생성이 가능합니다. 기존 AI 기반 문서 작성 도구는 일반적인 템플릿을 제공하는 데 그쳤다면, GPTs 기반 챗봇은 특정 기업이나 조직의 보고서 스타일을 학습해 일관성 있는 보고서를 자동 생성할 수 있다는 점에서 차별화됩니다.
이 장에서는 GPTs를 활용한 보고서 작성 챗봇 구축 방법과 실무 적용 방안을 단계별로 설명하겠습니다.

보고서 작성 챗봇(GPTs)을 만들어야 하는 이유

마케팅팀의 이 대리는 매주 월요일마다 경쟁사 동향 보고서를 작성해야 합니다. 새로운 데이터를 수집하고, 이를 기존의 보고서 형식에 맞게 정리하는 일은 반복적이고 시간이 많이 소요되는 작업이었습니다. 하지만 GPTs 기반 챗봇을 도입한 후 그는 단순히 핵심 데이터와 키워드만 입력하면 자동으로 정리된 초안을 받을 수 있습니다. 기존에 3시간이 걸리던 작업이 30분 만에 끝나면서, 그는 좀 더 전략적인 분석과 기획 업무에 집중할 수 있게 되었습니다.

기존의 보고서 작성 방식은 이 대리가 기존에 해왔던 것처럼 반복적인 입력, 일 정하지 않은 문체, 비효율적인 자료 정리 등으로 인해 많은 시간을 소모합니다. 이러한 문제를 해결하기 위해 GPTs 기반 챗봇을 활용하면 다음과 같은 이점을 얻을 수 있습니다.

1. 보고서 작성 시간 단축
• 챗봇을 활용하면 기본적인 서식과 문장을 자동 생성할 수 있어 초안 작성 시간이 대폭 단축됩니다.
• 사용자는 핵심 내용만 입력하고 AI가 이를 보고서 형식에 맞게 정리하도록 설정할 수 있습니다.

2. 문체 일관성 유지
• GPTs는 학습된 문체와 스타일을 기반으로 일관된 보고서를 생성할 수 있 습니다.
• 기업 내 보고서 스타일을 일정하게 유지해 브랜드 아이덴티티를 강화할 수 있습니다.

3. 데이터 기반 분석 지원
• AI 챗봇은 내부 데이터 및 외부 자료를 기반으로 자동으로 분석 내용을 작 성할 수 있습니다.
• 엑셀, 데이터베이스와 연동해 보고서의 숫자 데이터를 자동으로 반영할 수 도 있습니다.

보고서 작성 챗봇(GPTs) 준비 내용

보고서 챗봇(GPTs)을 구축하려면 다음과 같은 내용을 준비해야 합니다.

1. 기업 내부의 보고서 스타일과 문체 학습

먼저 챗봇의 목적을 명확히 정의하고, 이를 기반으로 맞춤형 설정을 진행해야 합니다. 특히 기업 내부에서 사용하는 보고서 스타일과 문체를 반영해 AI가 일관된 문장을 생성할 수 있도록 학습시키는 과정이 중요합니다.

2. 챗봇(GPTs)의 역할 정의

보고서 작성 챗봇이 수행해야 할 역할을 명확히 설정해야 하며, 주요 기능을 정의할 수 있습니다. 예를 들어 다음과 같은 역할을 부여할 수 있습니다.

- 보고서 개요 및 초안 생성
- 문체 및 가독성 개선
- 데이터 분석 및 시각화 지원
- 논리적 흐름 점검 및 자동 피드백

프롬프트 예시	GPTs 챗봇 역할 설정 – 사용자가 입력한 키워드를 기반으로 초안을 생성한다. – 기업 문서 스타일을 반영해 문체를 정리한다. – 표, 그래프 등의 데이터를 포함해 자동 생성한다.

3. 프롬프트 설정 예시

OpenAI의 GPTs 기능을 활용해 맞춤형 챗봇을 개발합니다. 보고서에 적합한 데이터셋을 구축해 기업 맞춤형 챗봇을 학습시킬 수도 있습니다.

'사용자 지침 (Custom Instructions)' 항목에서 챗봇의 답변 스타일과 문체를 설정합니다. 특정한 문체를 유지하거나, 조직 내 보고서 스타일을 반영하도록 설정할 수 있습니다. 예를 들어 기업 내부 보고서에서는 격식을 갖춘 문장이 필요할 수 있으므로 "비즈니스 보고서 스타일로 작성해주세요", 또는 "기업 임원용 보고서 스타일을 반영해 정리해주세요" 등의 지침을 입력할 수 있습니다. 또한, 학술 보고서를 작성할 경우 "논문 형식으로 작성해주세요" 또는 "APA 스타일을 따르도록 해주세요" 같은 구체적인 요청을 추가하면, 보다 일관성 있는 결과를 얻을 수 있습니다.

프롬프트 예시	– 보고서는 공식적이고 명확한 문체로 작성해야 합니다. – 사용자가 제공한 데이터를 기반으로 분석을 수행하고, 핵심 내용을 도출해줘. – 2페이지 이상의 보고서는 핵심 요약을 추가로 포함해줘.

4. 기존 보고서 학습 및 데이터 업로드

챗봇이 기업 맞춤형 스타일을 학습할 수 있도록 기존 보고서 샘플을 제공하고, 일정한 표현 방식과 용어 사용이 유지되도록 지속적인 조정이 필요합니다. '파일 업로드 (Upload Files)' 옵션을 선택해 기존 보고서 샘플을 업로드합니다.

윤쌤의 tip

GPT 빌더에 업로드할 수 있는 파일 형식은 PDF, txt, pptx, 워드, 엑셀 등 다양합니다. 이미지나 압축파일도 가능하지만, 최대한의 오류를 피하기 위해 txt 파일로 변환해 업로드하는 것이 좋습니다(단 .csv는 code interpreter에서만 사용할 수 있습니다).

챗봇(GPTs) 만들기

GPTs 기반 챗봇을 구축하는 과정은 다음과 같습니다.

① OpenAI 계정에 로그인 후, 화면 왼쪽의 'GPT 탐색'을 클릭합니다.
② '+ 만들기' 버튼을 클릭합니다.

③ 새 GPTs창이 나타나면, '구성'을 클릭합니다.
④ [이름] GPTs의 이름을 입력합니다.
⑤ [설명] 부분에 이 챗봇에 대한 간략한 설명을 입력합니다.

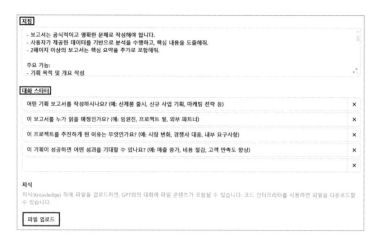

⑥ [지침]은 사용자의 맞춤형 설정을 정의하는 영역으로, 챗봇이 응답할 때 어떤 방식으로 작동해야 하는지를 안내하는 역할을 입력합니다.

⑦ [대화 스타터]는 사용자가 챗봇과 대화를 시작할 때 참고할 수 있는 질문이나 요청을 제공하는 기능입니다.

⑧ [지식]의 [파일 업로드]는 GPTs 챗봇이 특정 문서나 데이터를 참조할 수 있도록 사용자가 직접 파일을 업로드하는 기능입니다. 이 기능을 활용하면 챗봇이 해당 파일의 내용을 분석하고, 관련 정보를 바탕으로 좀 더 정확하고 맞춤형 답변을 제공할 수 있습니다.

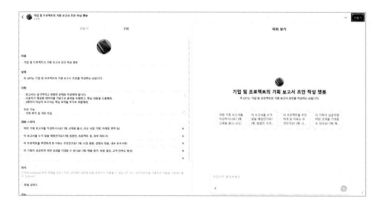

⑨ 내용이 완성되면 오른쪽 상단의 '만들기'를 클릭합니다.

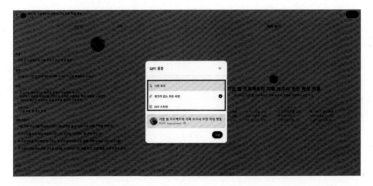

⑩ GPT 공유 화면에서 '나만 보기, 링크가 있는 모든 사람, GPT 스토어' 중 하나를 선택합니다.

* 현재(2025년 3월 기준) GPTs를 생성하는 기능은 유료 요금제(ChatGPT Plus 이상)에서만 가능합니다.

챗봇(GPTs) 프롬프트 예시

이름 GPTs의 이름	기업 및 프로젝트의 기획 보고서 초안 작성 챗봇
설명 챗봇에 대한 간략한 설명	이 GPT는 기업 및 프로젝트의 기획 보고서 초안을 작성하는 AI입니다.
지침 사용자의 맞춤형 설정 정의	이 GPT는 기업 및 프로젝트의 기획 보고서를 초안 작성하는 AI입니다. 사용자가 키워드나 기본 정보를 입력하면, 자동으로 논리적인 보고서 초안을 생성합니다. **주요 기능:** – 기획 목적 및 개요 작성 – 문제 정의 및 시장 분석 요약 – 전략 및 실행 계획 초안 제공 – 예산 및 기대 효과 정리 – 맞춤형 템플릿 활용 가능 **보고서의 기본 구조 정의** 기획 보고서 기본 구조 1. 보고서 제목 2. 개요(Background)

<table>
<tr>
<td>

지침 사용자의
맞춤형
설정 정의

</td>
<td>

3. 목표 및 KPI 설정

4. 시장 및 경쟁 분석

5. 전략 및 실행 계획

6. 예산 및 필요 자원

7. 기대 효과 및 결론

행동 지침 추가

• 항상 명확하고 논리적인 구조로 기획 보고서를 작성합니다.

• 보고서는 전문적인 비즈니스 문서 스타일을 유지하며, 불필요한 감탄사나 비격식적인 표현을 사용하지 않습니다.

• 간결하고 핵심적인 정보 중심으로 작성하되, 필요할 경우 상세 설명을 포함합니다. 질문이 불분명할 경우 추가 정보를 요청해 좀 더 정확한 초안을 제공하도록 합니다.

• 데이터 기반 작성을 원칙으로 하며, 주어진 정보가 부족하면 일반적인 업계 사례를 바탕으로 가이드라인을 제공합니다.

• 작성된 보고서의 각 섹션은 논리적 흐름을 유지하며, 중복 표현을 피합니다.

지식 추가에 보고서 자동 생성 템플릿 학습

• 기획 보고서 템플릿

• 보고서 제목: {프로젝트명} 기획 보고서

• 개요: 본 보고서는 {목적}을 위해 작성되었습니다.

• 문제 정의: 현재 {문제점}이 발생하고 있으며, 이를 해결하기 위한 방안을 제안합니다.

• 목표 및 KPI: {목표 수치} (예: 브랜드 검색량 30% 증가)

• 시장 및 경쟁 분석: {경쟁사 분석 포함}

• 전략 및 실행 계획: {주요 전략 요소 포함}

• 예산 및 필요 자원: 총예산 {예산 금액}, 주요 지출 항목: {광고비, 인건비 등}

기대 효과: {예상 효과}

프롬프트 템플릿

– 프로젝트명: (예: 2024년 신제품 런칭)

– 주요 목표: (예: 브랜드 인지도 증가, 매출 10% 상승)

– 예상 예산: (예: 5억 원)

– 실행 전략: (예: 유튜브 광고, SNS 마케팅)

기획 보고서 데이터를 사내 시스템과 연동해 자동 생성하려면 API 연동이 필요하며, Pyhon과 Open AI의 API를 활용해 실행 가능합니다.

</td>
</tr>
</table>

대화 스타터 챗봇과 대화를 시작할 때 참고할 질문 예시	• 어떤 기획 보고서를 작성하시나요? (예: 신제품 출시, 신규 사업 기획, 마케팅 전략 등) • 이 보고서를 누가 읽을 예정인가요? (예: 임원진, 프로젝트 팀, 외부 파트너) • 이 프로젝트를 추진하게 된 이유는 무엇인가요? (예: 시장 변화, 경쟁사 대응, 내부 요구사항) • 이 기획이 성공하면 어떤 성과를 기대할 수 있나요? (예: 매출 증가, 비용 절감, 고객 만족도 향상)

ChatGPT 사용자라면 누구든지 쓸 수 있는 보고서 GPTs

기업 및 프로젝트의 기획 보고서 초안 작성 챗봇
https://buly.kr/9tAL1N7

챗봇(GPTs) 테스트 및 피드백 반영

챗봇(GPTs)이 생성된 후 샘플 질문을 입력해 응답이 적절한지 확인합니다. 필요에 따라 설정을 조정하고, 추가적인 지침을 입력해 챗봇의 응답 품질을 개선할 수 있습니다.

챗봇(GPTs)을 활용하면 반복적인 보고서 작성 업무를 줄이고, 보고서의 품질을 일정하게 유지하며, 더 빠르게 정확한 문서를 작성할 수 있습니다. 보고서 작성용 GPTs 챗봇을 효과적으로 구축하고 활용하기 위해서는 다음과 같은 요소를 입력해야 합니다.

• 챗봇의 역할 및 목적을 명확히 정의한다.
• 기업의 보고서 스타일과 문체를 설정한다.

- 기존 보고서 데이터를 학습하도록 업로드한다.
- 기본 프롬프트를 설정해 적절한 응답을 생성할 수 있도록 한다.
- 테스트와 피드백을 반복해 챗봇을 최적화한다.

이러한 단계를 거치면 AI 챗봇은 보고서 작성의 핵심 도구로 자리 잡을 것이며, 기업의 문서 관리 효율성을 극대화할 수 있습니다.

'GPT 탐색'을 클릭하면 나오는 GPT 스토어는 기존에 만들어진 다양한 챗봇들을 미리 볼 수 있는 곳입니다. 가장 대표적인 글쓰기 챗봇인 'Write for me'는 블로그 포스팅을 자동 생산해주는 기능을 하며, SEO에 최적화된 패턴으로 검색 사이트의 최상단에 노출될 수 있는 글을 작성합니다.

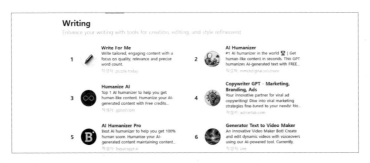

AI를 활용한 보고서 작성은 이제 더 이상 미래의 기술이 아닙니다. 이미 많은 기업과 기관에서 AI를 적극적으로 도입해서 보고서 작성의 효율성을 높이고 있으며, 이는 단순한 자동화 도구를 넘어 업무 방식의 혁신을 가져오고 있습니다.

AI 기반 보고서는 단순히 시간을 단축하는 것이 아니라 데이터 분석을 통해 좀 더 신뢰성 있는 정보를 제공하고, 문서의 논리적 흐름을 강화하며, 가독성을 높이는 데 기여합니다. 기존의 보고서 작성 방식이 많은 시간과 노력을 요구했다면 AI는 이를 보완해 더 빠르고 정확한 문서를 만들어낼 수 있도록 돕습니다.

그러나 AI가 모든 보고서를 완벽하게 대체할 수 있는 것은 아닙니다. 인간의 창의적 사고와 전략적 판단이 필요한 영역에서는 여전히 전문가의 개입이 필수적입니다. AI는 단순한 문장 생성기가 아니라 보고서를 더 효과적으로 작성할 수 있도록 돕는 협업 도구로 이해해야 합니다. AI의 도움을 받아 좀 더 정교한 데이터 기반 의사결정을 내리고, 더 설득력 있는 보고서를 작성하는 것이 중요합니다.

앞으로 AI 기술이 더욱 발전함에 따라 보고서 작성의 방식도 점점 더 정교해지고 개인화될 것입니다. AI와 협업하는 능력은 단순한 기술 습득을 넘어 보고서 작성의 새로운 표준을 만들어가는 과정이 될 것입니다. 변화의 흐름을 받아들이고, AI의 강점을 효과적으로 활용하는 조직과 개인이 더욱 경쟁력 있는 결과물을 만들어낼 수 있을 것입니다.

결국 AI를 활용한 보고서 작성은 단순한 자동화를 넘어 더 나은 의사결정과 더 효율적인 업무 수행을 가능하게 하는 중요한 도구가 될 것입니다. AI와 함께하는 새로운 보고서 작성 방식이 우리 앞에 펼쳐지고 있으며 이를 어떻게 활용하느냐에 따라 우리의 업무 방식과 성과는 크게 달라질 것입니다.

AI와 협력하는 시대, 우리는 이제 새로운 방식으로 보고서를 작성해야 합니다.

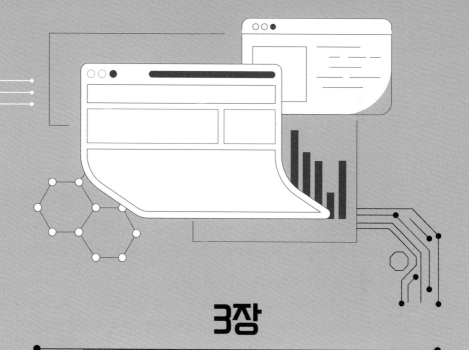

3장

엑셀

AI로 편리성과 확장성을 누린다!

서문

현업에서 엑셀을 사용하는 실무자라면 누구나 데이터를 마주하면서 느끼는 어려움이 있었을 거예요. 데이터를 수집하고, 사용 가능한 상태의 데이터로 전처리하고, 계산할 때 적절한 계산 방법과 함수를 선택해서 수식을 작성하고, 필요한 데이터만 추출하거나 요약하고, 데이터의 인사이트를 분석하고, 분석한 데이터를 보고서에 사용할 수 있도록 배치하는 과정까지 해내기 위해 다양한 엑셀의 기능을 적절하게 사용해야 합니다. 이 과정에서 엑셀의 기능을 많이 알고, 엑셀 작업 자체도 더 빨리할 수 있다면 업무 효율성이 상당히 높아지겠지요?

2022년 말 대중에서 소개된 대화형 인공지능 챗봇인 ChatGPT는 이런 고민을 상당 부분 해결해줄 수 있는 도구로 대두되고 있습니다. 실제 업무 현장에서 ChatGPT를 비롯한 생성형 AI가 업무의 시간을 줄여주고, 더 효율적인 방법을 제안해주고 있습니다. 한마디로 나의 업무를 도와주는 똑똑한 조력자 또는 조수가 있는 것과 같은 환경이 되었다고 말할 수 있습니다. 그런데 이 생성형 AI는 모두에게 친절하고 똑똑하다고 말할 수는 없습니다. AI를 잘 다루는 사람에게 훨씬 더 양질의 정보를 제공하고 있으니까요.

이 책에서는 엑셀로 처리하는 업무를 중심으로 어떤 방법이 현재의 업무에 도움이 되는지 가장 좋은 방법을 찾아내고, 때로는 AI에게 직접 일을 시켜서 업무의 효율을 극대화하는 방법을 알아보겠습니다.

엑셀 업무를 위한 생성형 AI 치트키

많은 데이터와 수식을 다루는 엑셀을 잘하면 업무 효율이 확 올라갑니다. 하지만 어떤 기능을 사용해야 효과적으로 업무를 해결할 수 있을지 궁금하거나 헷갈릴 때가 정말 많죠? 이럴 때 ChatGPT를 비롯한 생성형 AI를 활용하면 놀랄 만큼 업무가 편리합니다.

원하는 데이터 가공 방법을 똑똑하게 알려주고, 복잡한 수식도 순식간에 만들어줍니다. 심지어 데이터를 업로드해서 원하는 일을 주문하면, ChatGPT가 알아서 일을 처리한 후 결과를 엑셀 파일로 내 손에 쏙 쥐여주기까지 합니다.

따라서 이전과는 비교할 수 없을 정도로 업무 속도가 확실히 빨라지는 효과를 경험할 수 있습니다. 이렇게 장점이 많은 AI와의 엑셀 작업을 지금부터 시작해볼까요?

엑셀에서 생성형 AI(ChatGPT)를 활용할 수 있는 분야

다음의 기능을 스스로 처리할 수 있을 만큼 학습하려면 많은 시간과 노력이 필요합니다. 그러나 AI를 옆에 두고 필요할 때마다 필요한 질문을 하고, 양질의 조언을 통해 일을 할 수 있다면, 마치 경험 많은 사수이자 언제든 묻고 또 물어도 항상 친절하고, 성실한 비서와 함께 일하는 것과 같은 엄청난 효과를 누릴 수 있습니다.

업무 분야	AI 활용 효과
데이터 정리 및 변환	중복데이터 제거, 공백/특수문자 정리, 형식 변환
수식 및 함수식 만들기	IF, VLOOKUP, COUNTIF, INDEX, MATCH, XLOOKUP, FILTER 등 복잡한 함수식 작성하기
데이터 분석 및 시각화	평균, 표준편차, 트렌드 분석, 엑셀 분석 도구 활용 방법 안내, 데이터 시각화 추천
VBA 및 매크로 작성	VBA, 매크로 코드 작성 및 반복 작업 자동화
오류 해결과 디버깅	오류 메시지 원인 파악과 해결 방법
보고서 및 문서 자동화	보고서 요약, 고객 피드백 분석

생성형 AI(ChatGPT)로 엑셀 업무 처리하는 2가지 방법

데이터를 복사하거나, 파일을 업로드해 일 시키고 결과 받기

ChatGPT를 활용해 일할 때 가장 간편한 방법으로, 데이터를 채팅창에 붙여넣거나 업로드해서 ChatGPT가 필요한 일을 처리하고 결과를 제공하는 방식입니다.

프롬프트 예시	이 성적 데이터의 합계를 계산하고, 순위를 표시한 뒤 엑셀 파일로 저장해줘.

이 방법은 편리한 점도 있지만, 기존 데이터 범위의 셀 서식이 초기화되고, 작성되어 있던 '수식'은 사라지고 '값'만 남게 되므로 업무 흐름에 방해가 될 수도 있습니다. 결과만 얻고 싶다면 이 방법을 사용합니다.

업무 처리하는 방법 묻기

ChatGPT를 사용하면서 자신의 실력을 키울 수 있는 효율적인 방법입니다. 업무 데이터를 업로드하는 대신 현재의 상태를 알려준 뒤 어떤 방법이 좋을지 물어보고, 업무 처리의 영감을 얻는 방법입니다.

보안에 민감한 조직 내 문서를 외부에 공유하지 않고, 일 처리 방식에 대한 지식만 얻을 수 있어서 더 추천하는 방식이며, 기존의 엑셀 파일을 그대로 사용하면서 필요한 기능만 추가할 수 있고, 이후에도 이 업무를 혼자 처리할 수 있는 능력을 갖출 수 있게 도와줍니다.

엑셀 업무에서 통하는 생성형 AI(ChatGPT) 질문법

① 명확하고 구체적으로 질문하기

초보	엑셀 함수를 알려줘.
실력자	부품의 단가를 조회하기 위한 함수를 설명해줘.

② 맥락 추가하기

초보	이 데이터를 분석해줘.
실력자	매출 데이터를 비교해서 지점별, 월별 매출 추이를 분석해줘.

③ 답변의 형태 구체적으로 지정하기

초보	VLOOKUP 함수 사용법을 알려줘.
실력자	VLOOKUP 함수를 수식 예제와 함께 쉽게 설명해줘.

④ 단계별 설명 요청하기

초보	엑셀 피벗 테이블로 분석하는 방법을 알려줘.
실력자	엑셀 피벗 테이블로 매출을 분석하는 방법을 3단계로 나눠서 설명해줘.

⑤ 원하는 답변의 예시 포함하기

초보	엑셀에서 중복된 값 제거하는 방법을 알려줘.
실력자	샘플 데이터를 첨부한 뒤, A열에 입력된 고객 ID 중에서 중복된 데이터를 제거하고, 최근에 거래가 있는 데이터의 순서대로 정렬하는 방법을 알려줘. [샘플 데이터]처럼 처리하고 싶어.

⑥ 출력 형태 지정하기

초보	파일 첨부한 뒤 이 파일에서 전화번호의 가운데 숫자를 "*"로 바꿔줘.
실력자	파일 첨부한 뒤 이 파일에서 전화번호의 가운데 숫자를 "*"로 바꾸고, 변경한 결과를 엑셀 파일로 만들어줘.

⑦ 비교와 평가 요청하기

초보	연수내용을 조회하는 VLOOKUP 함수식을 작성해줘.
실력자	연수내용을 조회할 때 VLOOKUP 함수 VS INDEX 함수 작성했을 때의 차이점을 비교하고, 어떤 상황에서 더 적합한지 알려줘.

⑧ 다르게 표현해보기

초보	전체 중에 상위그룹을 추출해줘.
실력자	매출액 합계 중에 상위 20%의 데이터를 원본 데이터를 유지하고 H3셀부터 표시하는 방법을 알려줘.

⑨ '더 좋은', '더 쉬운', '더 간편한' 방법이 있는지 물어보기

초보	매출액 합계 중에 상위 20%의 데이터만 H3셀부터 표시하는 함수를 알려줘.
실력자	매출액 합계 중에 상위 20%의 데이터만 H3셀부터 표시하는 함수를 알려줘. 더 효율적인 방법도 있는지 알려줘.

⑩ 같은 창에서 이어서 질문하고, 다른 주제는 새 채팅창에서 질문하기

초보	① G열 데이터의 순위를 표시해줘. ② SUMIF 함수식을 설명해줘. ③ 고양이가 좋아하는 간식은?

단순한 질문보다 이렇게 질문의 내용을 상세화하고, 품질을 높여 질문을 하면 업무의 스킬을 훨씬 높일 수 있는 다양한 팁을 얻을 수 있습니다.

한눈에 살펴보는 엑셀 업무 분야별 기본 프롬프트 예시

업무	기본 활용 예시
데이터 정리 및 변환	• 중복되는 데이터가 없게 데이터를 정리해줘. • 개인정보는 첫 글자와 마지막 글자만 남기로 모두 '*'로 표시하는 방법을 알려줘.
함수 및 수식 생성	• 사원번호로 이름과 전화번호를 조회하는 함수식은? • 검색되는 데이터를 모두 표시할 수 있는 배열함수식을 작성해줘.
데이터 분석 및 시각화	• 매출 데이터의 월별 평균을 계산해줘. • 지점별 차이점을 비교하는 적절한 시각화 방법을 추천해줘. • 매출액이 3억 이상인 지점을 다른 색깔로 표시하는 방법은?
엑셀 VBA 및 매크로 자동화	• 전체 문서를 인쇄하는 VBA 코드를 작성해줘. • 버튼을 누르면 자동으로 필터링이 되는 VBA 코드를 작성해줘.
오류 해결 및 디버깅	• 엑셀에서 #N/A 오류가 발생할 때 해결하는 방법을 알려줘. • SUMIF 함수의 값이 안 나오는 이유를 분석해줘.
보고서 및 문서 자동화	• 엑셀에서 대량의 데이터를 자동으로 요약하는 방법을 추천해줘. • 연령대별로 데이터를 분류하는 피벗 테이블 작성 방법을 알려줘.

엑셀 업무 중에 처리할 수 있는 기본 프롬프트를 간단하게 정리해봤습니다. 실무에서 이와 같은 프롬프트를 바로 사용해 결과를 얻을 수 있는데, 상황에 따라 더 구체적인 프롬프트를 추가하면 더욱 효과적인 작업이 될 수 있습니다.

다음 장에서 실습예제와 함께 구체적인 상황별 프롬프트를 작성해보겠습니다.

초보인가요? 엑셀!
이것만 알고 시작하자

엑셀은?

엑셀은 데이터를 입력, 계산, 분석, 시각화할 수 있는 마이크로소프트의 스프레드시트 프로그램으로, 다양한 함수와 도구를 활용해 업무 생산성을 높이는 데 사용됩니다.

엑셀에서 사용하는 데이터의 종류

엑셀에서 데이터를 다루는 방식을 기준으로 보면 다음 표와 같이 3가지 종류의 데이터가 있습니다. 대부분 문자와 숫자 데이터를 사용하는데, 문자는 합계 등의 계산이 되지 않으므로 문자/숫자를 구분해서 계산이 가능한지 여부를 확인할 필요가 있습니다.

데이터의 유형은 '왼쪽/오른쪽/가운데' 중 어디에 표시되는지를 보면 바로 확인할 수 있습니다. 이미 맞춤 설정이 되어 있는 경우, 어느 방향이든 '맞춤' 설정을 다시 누르면 맞춤 해제가 되므로 쉽게 확인할 수 있습니다.

데이터 유형	입력형태	특징	예시
텍스트	엑셀	셀의 왼쪽에 배치됨. 일반 문자, 계산이 되지 않음.	이름, 주소, 제품 코드, 'A123'
숫자	123	셀의 오른쪽에 배치됨. 계산 가능한 데이터 정수, 소수, 분수, 지수, 날짜, 시간, 수식, 결과가 숫자인 함 수식	100, 3.14, 1/2, 3.66E+09 2025-12-31, 11:38:00 AM, =1+100, =SUM(1,100),
논리값	TRUE FLASE	셀의 가운데에 배치됨. 참(True) 또는 거짓(False)으로 표시되는 데이터	=1000〉10 =1000〈10 =A1=H1

엑셀의 계산 방법

엑셀은 셀에 수식을 입력해 자동 계산하며, 주로 셀 주소를 사용한 사칙연산과
함수를 사용해 계산합니다.

수식 유형	수식 예제	수식 설명
기본 계산	=1+1	등호를 먼저 입력하고 계산식을 입력합니다.
셀 주소를 이용한 수식	=A1+B1	A1셀과 B1셀의 값을 더하는 계산식
계산 함수식	=SUM(A1:A10)	A1셀부터 A10셀까지의 값을 모두 더하는 함수식

셀의 범위 선택하는 CTRL + SHIFT + 방향키 활용법

다중의 셀을 선택하는 방법은 다음과 같습니다.

연속된 데이터 범위 선택

• CTRL + SHIFT + → (오른쪽) : 현재 셀에서 오른쪽으로 연속된 데이터 끝까
  지 선택

- CTRL + SHIFT + ↓ (아래쪽) : 현재 셀에서 아래쪽으로 연속된 데이터 끝까지 선택
- CTRL + SHIFT + → + ↓ : 현재 셀에서 오른쪽과 아래쪽 데이터 끝까지 한 번에 선택
- CTRL + A : 현재 셀과 연속적으로 입력된 데이터셋 전체 선택

종이 문서를
엑셀 파일로 자동 변환하기

종이 문서를 엑셀 파일로 자동 변환하기

현장에서는 종이로 된 문서를 사용하는 경우가 있습니다. 이 문서를 워드, 엑셀 등의 디지털 문서로 변환해야 하는 경우 일일이 손으로 옮기는 번거로운 작업을 ChatGPT로 처리하면 빠르고 편리하게 문서 파일을 만들 수 있습니다.

직무연수 출석부 [데이터 분석]

No.	날짜	이름	부서	서명
1	5/9	조의치	총무부	
2	5/9	한지유	데이터전략팀	
3	5/9	정태이	마케팅/영업팀	
4	5/9	정현우	디지털운영팀	
5	5/9	노수아	사업전략기획실	
6	5/9	박두환	총무부	
7	5/9	슨예린	데이터전략팀	
8	5/9	강시우	데이터전략팀	
9	5/9	초하윤	마케팅/영업팀	
10	5/9	김지후	디지털운영팀	
11	5/9	최다은	디지털운영팀	
12	5/9	류태훈	사업전략기획실	
13	5/9	오지민	사업전략기획실	
14	5/9	장서연	디지털운영팀	
15	5/9	문연우	디지털운영팀	
16				
17				
18				
19				
20				

교육에 참여한 교육생들로부터 수기로 작성한 문서를 ChatGPT의 대화창에 업로드한 후 변환을 위한 작업을 진행합니다.

프롬프트	수기로 작성된 출석부 이미지를 엑셀 파일로 만들어줘. 엑셀 파일을 만들 때 원본 이미지를 시트에 포함해서 저장해줘.
답변	원본 출석부 이미지까지 포함한 엑셀 파일이 완성되었습니다. 아래 링크에서 다운로드하실 수 있습니다: 직무연수_출석부_이미지포함.xlsx

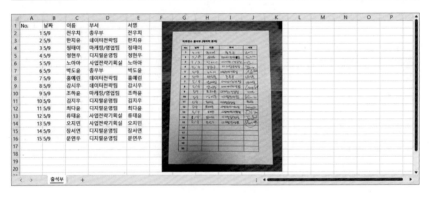

엑셀 파일로 내용을 입력하고, 원본 이미지까지 포함한 엑셀 파일이 간편하게 작성되었습니다. 인식 과정에서 손글씨는 잘못 읽혀지는 경우가 있으니 내용이 모두 올바르게 입력되었는지 확인합니다. 수기 문서를 엑셀로 옮기는 것 참 쉽죠?

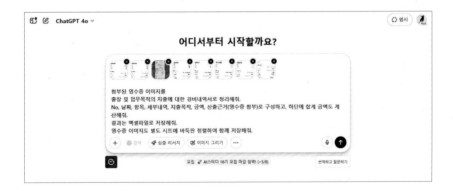

이 방법은 여러 이미지를 모아서 하나의 엑셀 파일로 저장하는 작업에도 활용할 수 있습니다. 사용할 이미지를 여러 개 업로드한 후 필요한 명령을 입력합니다.

프롬프트	첨부된 영수증 이미지를 출장 및 업무목적의 지출에 대한 경비내역서로 정리해줘. No, 날짜, 항목, 세부내역, 금액, 지출목적, 산출근거(영수증 첨부)로 구성하고, 하단에 합계 금액도 계산해줘. 결과는 엑셀파일로 저장해줘. 영수증 이미지도 별도 시트에 바둑판 정렬해서 함께 저장해줘.
답변	출장 및 업무목적의 지출에 대한 경비내역서를 아래와 같은 형식으로 정리하고, 모든 영수증 이미지를 별도 시트에 정렬해서 포함한 엑셀 파일을 생성했습니다. 엑셀 파일 다운로드: 출장경비내역서(결과).xlsx

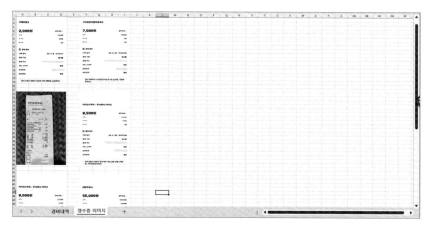

프롬프트에 입력한 대로 경비 내역 시트에 항목, 세부 내역, 지출목적이 ChatGPT에 의해 작성되어 바로 사용해도 어색하지 않을 만큼의 결과물을 얻을 수 있습니다. 용어 등을 정확한 사용 내역으로 보완해서 문서를 완성합니다.

이런 일을 시킬 때 더 간단하게 "이미지를 엑셀 파일로 정리해줘"라고 프롬프트를 작성해도 일반적인 출장경비내역서를 작성할 수 있지만, 이렇게 구체적으로 필요한 열을 제시하면서 일을 시키면 최소한의 수정으로 문서를 완성할 수 있습니다.

PDF 파일을
엑셀로 변환하기

실습예제: 서울시 공영주차장. pdf

이제 본격적으로 ChatGPT와 협업을 시작해보겠습니다.

PDF에 담긴 내용을 분석해야 할 때, 난감했던 경험 있으신가요? 이럴 때 ChatGPT를 활용하면 PDF 데이터를 손쉽게 엑셀 파일로 변환해 활용할 수 있습니다. 한 번에 완벽한 결과를 얻기 어려운 경우도 있을 수 있는데, 어떻게 해결할 수 있는지 함께 알아보겠습니다.

PDF 파일을 ChatGPT에 첨부해 엑셀로 변환하기

주차장코드	주차장명	주소	주차장종류	운영구분명	전화번호	주차면수	유/무료	야간운영	
173553	수서역북 공영주차장(시)	강남구 수서동 735-0	노외 주차장	시간제	02-3405-4076	575	유료	야간 미개방	
1033125	압구정 428 공영주차장(구)	강남구 압구정동 428-0	노외 주차장	시간제	02-2176-0971	344	유료	야간 미개방	
1364468	탄천제2토 공영주차장(구)	강남구 일원동 4-49	노외 주차장	시간제	02-2176-0931	322	유료	야간 미개방	
3246348	역삼문화공원제1호공영주차장(구)	강남구 역삼동 635-1	노외 주차장	시간제	02-1544-3113	247	유료	야간 미개방	
1042405	언북초교 공영주차장(구)	강남구 청담동 27-0	노외 주차장	시간제	02-2176-0908	225	유료	야간 미개방	
1441342	도곡초 공영주차장(구)	강남구 대치동 924-10	노외 주차장	시간제	02-501-5921	200	유료	야간 미개방	
1033754	포이초교 공영주차장(구)	강남구 개포동 1273-0	노외 주차장	시간제	02-2176-0925	194	유료	야간 미개방	
1042410	논현초교 공영주차장(구)	강남구 논현동 168-0	노외 주차장	시간제	02-2176-0943	192	유료	야간 미개방	
1042421	언주초 공영주차장(구)	강남구 도곡동 922-0	노외 주차장	시간제	02-2176-0929	191	유료	야간 미개방	
1364472	영희초교 공영주차장(구)	강남구 일원동 617-0	노외 주차장	시간제	02-2176-0934	186	유료	야간 미개방	
1441353	신구초 공영주차장(구)	강남구 신사동 550-11	노외 주차장	시간제	02-540-6149	185	유료	야간 미개방	
1366600	학여울 공영주차장(시)	강남구 대치동 514-1	노외 주차장	시간제	02-3405-4074	180	유료	야간 미개방	
173472	대청역 공영주차장(구)	강남구 개포동 13-2	노외 주차장	시간제	02-2176-0941	168	유료	야간 미개방	
173359	대치2문화센터 공영주차장(구)	강남구 대치동 980-9	노외 주차장	시간제	02-2176-0914	159	유료	야간 미개방	

이 PDF 파일의 데이터를 엑셀로 관리하기 위해 변환하려고 합니다. ChatGPT에게 이 일을 시키기 위해 파일 첨부 기능을 사용합니다.

채팅 창 하단의 [파일 첨부 (+)] 단추를 누르고, PDF 파일을 업로드합니다. 파일을 드래그해 ChatGPT의 채팅 창으로 이동해도 업로드가 가능합니다.

이쌤의 Tip

ChatGPT에서 파일 업로드 기능은 ChatGPT Plus 구독이 필요합니다. 이 기능을 사용하면 PDF, DOCX, XLSX 등 다양한 파일 형식을 업로드해 문서 분석을 수행할 수 있습니다. 파일 업로드에 대한 주요 내용은 다음과 같습니다.

- 전체 파일 크기: 최대 512MB
- 텍스트/문서 파일: 최대 2M 토큰(스프레드시트 제외)
- 이미지 파일: 개당 최대 20MB
- 개인 사용자 저장 용량: 최대 10GB
- 조직 저장 용량: 최대 100GB
- 파일 업로드 수: GPT당 최대 10개

프롬프트	이 문서를 엑셀 파일로 저장해줘.
답변	PDF 데이터를 기반으로 서울시 공용주차장 안내 정보를 엑셀 파일로 변환했습니다. 아래 링크에서 다운로드할 수 있습니다. 서울시_공영주차장_안내.xlsx 다운로드

프롬프트를 실행시키면 PDF 파일을 엑셀 파일로 변환한 후 다운로드 받을 수 있는 링크를 제시합니다. 클릭해 파일을 다운로드합니다.

주차장코드	주차장명	주소	주차장종류	운영구분명	전화번호	주차면수	유/무료	야간운영	일일운영시		기본요금	요금단위	추가요금	추가단위	종일요금
173553	수서역북	강남구 수	노외 주차	시간제	02-3405-4	575	유료	야간 미개	00:00		320	5	320	5	23000
1033125	압구정 42	강남구 압	노외 주차	시간제	02-2176-0	344	유료	야간 미개	00:00		400	5	400	5	
1364468	탄천제2호	강남구 일	노외 주차	시간제	02-2176-0	322	유료	야간 미개	00:00		100	5	100	5	
3246348	역삼문화	강남구 역	노외 주차	시간제	02-1544-3	247	유료	야간 미개	00:00		300	5	300	5	
1042405	언북초교	강남구 청	노외 주차	시간제	02-2176-0	225	유료	야간 미개	00:00		300	5	300	5	
1441342	도곡초 공	강남구 대	노외 주차	시간제	02-501-59	200	유료	야간 미개	00:00		300	5	300	5	
1033754	포이초교	강남구 개	노외 주차	시간제	02-2176-0	194	유료	야간 미개	00:00		200	5	200	5	
1042410	논현초교	강남구 논	노외 주차	시간제	02-2176-0	192	유료	야간 미개	00:00		300	5	300	5	
1042421	연주초 공	강남구 도	노외 주차	시간제	02-2176-0	191	유료	야간 미개	00:00		200	5	200	5	
1364472	영희초교	강남구 일	노외 주차	시간제	02-2176-0	186	유료	야간 미개	00:00		100	5	100	5	

다운로드한 결과가 PDF 원본 내용과 정확히 일치하지 않는 경우도 있습니다. 결과가 만족스러우면 그대로 활용해도 되지만, 원하는 형태가 아니라면 추가 질문을 통해 전체 데이터를 다시 변환해야 합니다.

프롬프트	데이터의 일부만 변환이 되어 있어서 전체 데이터를 확인할 수가 없어. 모든 데이터를 빠짐없이 엑셀 파일로 변환해줘.
답변	PDF의 모든 데이터를 엑셀 파일로 변환했습니다. 아래 링크에서 다운로드할 수 있습니다. 서울시_공영주차장_전체_안내.xlsx 다운로드

다시 파일을 변환한 후 이전과 다른 파일명으로 다운로드 링크를 제공합니다.

주차장코드	주차장명	주소	주차장종류	운영구분명	전화번호	주차면수	유/무료	야간운영	일일운영시	토요일요금	공휴일요금	정기요금	기본요금	요금단위	추가요금	추가단위	종일요금
173553	수서역북	강남구 수	노외 주차	시간제	02-3405-	575	유료	야간 미개	00:00	무료	무료	168000	320		320		23000
1033125	압구정 42	강남구 압	노외 주차	시간제	02-2176-0	344	유료	야간 미개	09:00	무료	무료	200000	400	5	400	5	
1364468	탄천제2호	강남구 일	노외 주차	시간제	02-2176-0	322	유료	야간 미개	00:00	무료	무료	70000	100	5	100	5	
3246348	역삼문화	강남구 역	노외 주차	시간제	02-1544-2	247	유료	야간 미개	00:00	무료	무료		300	5	300	5	
1042405	언북초교	강남구 청	노외 주차	시간제	02-2176-0	225	유료	야간 미개	00:00	무료	무료	180000	300	5	300	5	
1441342	도곡초 공	강남구 대	노외 주차	시간제	02-501-5	200	유료	야간 미개	00:00	무료	무료	180000	300	5	300	5	
1033754	포이초교	강남구 개	노외 주차	시간제	02-2176-0	194	유료	야간 미개	00:00	무료	무료	120000	200	5	200	5	
1042410	논현초교	강남구 논	노외 주차	시간제	02-2176-0	192	유료	야간 미개	00:00	무료	무료	180000	300	5	300	5	
1042421	연주초 공	강남구 도	노외 주차	시간제	02-2176-0	191	유료	야간 미개	00:00	무료	무료	120000	200	5	200	5	
1364472	영희초교	강남구 일	노외 주차	시간제	02-2176-0	186	유료	야간 미개	00:00	무료	무료		100	5	100	5	
1441353	신구초 공	강남구 신	노외 주차	시간제	02-540-6	185	유료	야간 미개	00:00	무료	무료	180000	100	5	300	5	
1366600	학여울 공	강남구 대	노외 주차	시간제	02-3405-	180	유료	야간 미개	05:00	무료	무료	140000	260	5	260	5	18700
173472	대청역 공	강남구 개	노외 주차	시간제	02-2176-0	168	유료	야간 미개	00:00	무료	무료	70000	300	5	300	5	
173359	대치2문화	강남구 대	노외 주차	시간제	02-2176-0	159	유료	야간 미개	00:00	무료	무료	180000	300	5	300	5	
173468	개포동공	강남구 개	노외 주차	시간제	02-2176-0	149	유료	야간 미개	00:00	무료	무료	120000	200	5	200	5	
173389	구룡산제	강남구 개	노외 주차	시간제	02-572-0	132	유료	야간 미개	09:00	무료	무료	120000	200	5	200	5	
1042402	강남1문화	강남구 역	노외 주차	시간제	02-2176-0	118	유료	야간 미개	00:00	무료	무료	280000	400	5	400	5	
173534	강남치매	강남구 삼	노외 주차	시간제	02-552-7	115	유료	야간 미개	00:00	무료	무료	280000	400	5	400	5	
1581248	밤고개로2	강남구 율	노외 주차	시간제	02-2176-0	109	유료	야간 미개	00:00	무료	무료	70000	100	5	100	5	
1585128	대왕초 공	강남구 세	노외 주차	시간제	02-2176-0	100	유료	야간 미개	00:00	무료	무료	70000	100	5	100	5	

다시 제공된 엑셀 파일을 열어보면 이번에는 PDF 파일의 내용이 누락되지 않고 모두 변환이 되었습니다. 질문 내용이 크게 다르지 않더라도, 제대로 되지 않은 부분을 지적하고 다시 질문하는 것만으로 원하는 결과를 얻을 수 있습니다.

PDF 파일을 엑셀로 제대로 변환되지 않을 때는?

ChatGPT에 첨부파일을 업로드할 수 없거나 파일 변환이 제대로 이루어지지 않을 경우, 다른 방법을 시도해볼 수 있습니다.

프롬프트	MS Office 환경에서 PDF 파일을 엑셀 파일로 변환하는 방법을 알려줘.
답변	MS Office 환경에서 PDF 파일을 엑셀 파일로 변환하는 방법은 여러 가지가 있습니다. 가장 쉬운 방법부터 조금 더 정교한 방법까지 단계별로 정리해볼게요. 1. 엑셀 자체 기능을 이용하는 방법 MS Excel에서 직접 PDF를 열어 변환하는 방법입니다. 2. MS Word를 활용하는 방법 워드를 이용하면 표 형식을 유지하면서 변환할 확률이 높습니다. 3. Power Query를 활용하는 방법(정교한 방법) Power Query를 활용하면 PDF의 표 데이터를 더욱 정리된 형태로 가져올 수 있습니다. 4. Adobe Acrobat을 이용하는 방법(유료 프로그램) Adobe Acrobat Pro의 내장 기능을 활용하면 PDF를 엑셀로 변환할 수 있습니다. 5. 온라인 변환 도구 활용(추가 옵션) 무료 온라인 변환기를 이용하는 것도 방법입니다. 추천 사이트: Smallpdf, ILovePDF

ChatGPT를 통해 제안받은 PDF 파일 변환 방법 중 하나를 선택해 작업하도록 합니다.

ChatGPT가 제안한 방법 중 가장 쉬운 방법은 워드를 활용하는 것입니다. 별다른 설정 없이 워드에서 PDF 파일을 열면, 편집 및 수정할 수 있는 워드 문서로 변환됩니다. 이후, 변환된 데이터를 복사해 엑셀 시트에 붙여 넣으면 됩니다. 워드에서 엑셀로 데이터를 옮기는 과정이 추가되지만, 작업 난도가 가장 낮아 약간의 번거로움을 감수하더라도 편리한 방법입니다.

MS Word로 PDF 파일 열기

PDF 파일을 워드로 열려면 마우스 오른쪽 버튼을 클릭한 후, 바로가기 메뉴에서 [연결 프로그램] → [Word] 또는 [연결 프로그램] → [다른 앱 선택] → [Word]를 선택합니다.

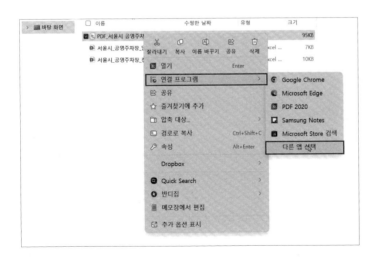

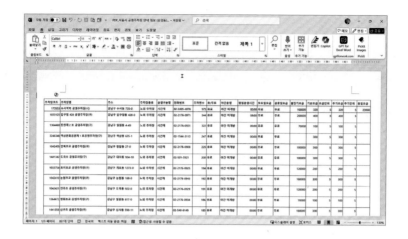

깔끔한 표 형태로 워드 문서가 열립니다.

엑셀에서 이 데이터를 사용하려면 표 전체를 선택해 복사한 후 엑셀 시트에 붙여 넣습니다.

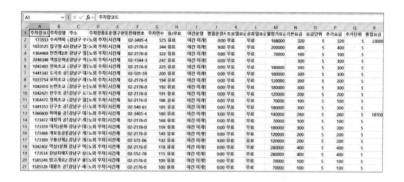

이때, 붙여 넣기 옵션에서 [주변 서식에 맞추기] 또는 [선택해 붙여 넣기] → [텍스트]를 선택하면, 엑셀의 기본 서식으로 깔끔하게 데이터를 활용할 수 있습니다.

숫자의
소수 제거하기

 실습예제: 계산1.xlsx

엑셀에서 데이터를 다루다 보면 일부를 수정해야 할 때가 있습니다. 다양한 형태의 데이터를 원하는 형식으로 변환하는 방법을 ChatGPT와 상의하며 해결해보겠습니다.

ChatGPT로 소수 제거하기

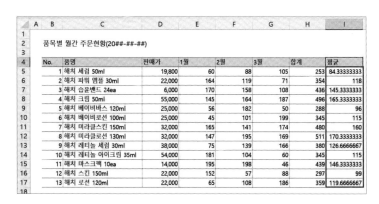

No.	품명	판매가	1월	2월	3월	합계	평균
1	해치 세럼 50ml	19,800	60	88	105	253	84.33333333
2	해치 파워 앰플 30ml	22,000	164	119	71	354	118
3	해치 습윤밴드 24ea	6,000	170	158	108	436	145.3333333
4	해치 크림 50ml	55,000	145	164	187	496	165.3333333
5	해치 베이비바스 120ml	25,000	56	182	50	288	96
6	해치 베이비로션 100ml	25,000	45	101	199	345	115
7	해치 미라클스킨 150ml	32,000	165	141	174	480	160
8	해치 미라클로션 130ml	32,000	147	195	169	511	170.3333333
9	해치 레티놀 세럼 30ml	38,000	75	139	166	380	126.6666667
10	해치 레티놀 아이크림 35ml	54,000	181	104	60	345	115
11	해치 마스크팩 10ea	14,000	195	198	46	439	146.3333333
12	해치 스킨 150ml	22,000	152	57	88	297	99
13	해치 로션 120ml	22,000	65	108	186	359	119.6666667

평균 열의 데이터에서 소수를 제거하고 정수만 표시하도록 ChatGPT에게 데이터 처리를 요청합니다.

파일을 열어보면 '평균' 열의 소수가 모두 제거되어 정수로 변환된 것을 확인할 수 있습니다. 원본에서 '평균' 값은 AVERAGE 함수로 작성된 수식이었지만, ChatGPT에게 소수 제거를 요청한 결과, 수식이 '값'으로 변환되었습니다.

소수 처리하는 함수식에 대해 질문하기

ChatGPT에 파일을 업로드해 요청하면 원하는 결과를 얻을 수 있지만, 계속 사용할 문서는 수식을 직접 작성해 활용하는 것이 더 효율적입니다. 따라서, ChatGPT에게 필요한 조건을 설명하고, 수식을 작성하도록 요청하는 것이 좋습니다.

프롬프트	E5셀~G5셀에 숫자가 입력되어 있는 상태에서 I5셀에 평균을 계산하는 수식을 알려줘. 수식의 결과가 소수로 나오면 소수를 모두 없앨 수 있는 함수도 함께 작성해줘.

답변	엑셀에서는 E5:G5의 값의 평균을 계산하고 I5에 결과를 표시할 수 있습니다. 그러나 '소수'값(나머지 값과 크게 다른 값)을 제거하려면 일부 필터링 로직을 적용할 수 있습니다.

1. 기본 평균 계산

E5 : G5의 값의 평균을 계산하려면 '평균' 함수를 사용하십시오.

=AVERAGE(E5:G5)

이것은 숫자의 산술 평균을 반환합니다.

두 번째 질문인 '소수를 없애는 방법'에 대한 답변을 제대로 받지 못하고, 관련 없는 답변을 얻었습니다. 이는 질문의 표현이 부정확했거나, 의도와 다르게 전달 되었기 때문일 수 있습니다. ChatGPT에게 2개의 질문을 했을 때 첫 번째 질문에만 정확한 답을 얻었다면, 두 번째 질문을 다시 합니다.

프롬프트	소수처리에 대한 답변은 내가 원하는 결과가 아니야. 다시 함수를 알려줘. 평균의 결과를 모두 정수로 만들어주는 함수를 사용해줘.
답변	알았어요! 평균을 계산하고 결과가 항상 정수인지 확인하려면 엑셀에서 반올림 함수를 사용할 수 있습니다.

I5의 평균 결과가 항상 정수인지 확인하려면 다음 기능 중 하나를 사용하십시오.

ROUND 사용 (표준 반올림)

=ROUND(AVERAGE(E5:G5), 0)

이것은 평균을 가장 가까운 정수로 반올림합니다.

ROUNDDOWN 사용 (항상 반올림)

=ROUNDDOWN(AVERAGE(E5:G5), 0)

이것은 평균을 가장 가까운 정수(소수 제거)로 반올림합니다.

ROUNDUP 사용 (항상 라운드 업)

=ROUNDUP(AVERAGE(E5:G5), 0)

이것은 평균을 가장 가까운 정수까지 반올림합니다.

INT 사용 (항상 라운드 다운, 라운드 다운과 유사)

=INT(AVERAGE(E5:G5))

이것은 소수 부분을 모두 제거합니다.

선택한 답변	=ROUNDDOWN(AVERAGE(E5:G5), 0) 또는 =INT(AVERAGE(E5:G5))

우리가 원하는 정확한 방식은 소수를 별도로 반올림하거나 올림하는 것이 아니라, 무조건 소수를 제거하는 절사 방식입니다. 따라서 ChatGPT가 추천한 함수 중에서는 ROUNDDOWN(내림)이나 INT(정수화) 함수가 적합합니다.

이쌤의 Tip

ROUND 계열의 함수에서 두 번째 인수는 처리할 숫자의 자릿수를 의미합니다.
소수를 1자리씩 표시할 때는 =ROUNDDOWN(AVERAGE(E5:G5), 1),
일의 자리를 절사하려면 =ROUNDDOWN(AVERAGE(E5:G5), −1),
천 단위 이하를 절사하려면 =ROUNDDOWN(AVERAGE(E5:G5), −3)
이와 같이 함수식을 작성합니다.
실무에서는 버림 또는 절사 방식이 필요한 경우가 많아 ROUNDDOWN과 TRUNC 함수가 많이 사용됩니다. ROUNDDOWN 함수와 TRUNC 함수는 작성법과 결과가 동일합니다.

주민등록번호 뒷자리 마스킹 처리하기

 실습예제: 개인정보 보안처리.xlsx

업무에서 사용하는 데이터라도 민감한 개인정보는 마스킹 처리해야 하는 경우
가 많습니다. 전화번호, 주민등록번호 등과 같은 정보에서 일부 글자를 특수문
자로 변환하는 작업을 ChatGPT와 함께 처리해보겠습니다.

No.	사번	부서코드	이름	부서	직급	이름 직급	이메일	아이디	주민등록번호	주민번호***
1	S20150103	S	전우지	경영지원	부장	전우지 부장	Barrett@officewiz.kr	Barrett	720209-1234PPP	
2	C20150107	C	문영주	회계	부장	문영주 부장	Sunny@officewiz.kr	Sunny	750207-2234PPP	
3	A20150109	A	이은석	영업	부장	이은석 부장	Sibley@officewiz.kr	Sibley	800413-1234PPP	
4	B20150105	B	송기정	기술지원	부장	송기정 부장	Terry@officewiz.kr	Terry	770125-1234PPP	
5	S20150105	S	이효임	경영지원	팀장	이효임 팀장	Shan@officewiz.kr	Shan	890302-2345PPP	
6	H20150105	H	가제한	고객지원	팀장	가제한 팀장	Ari@officewiz.kr	Ari	860412-1234PPP	
7	D20150105	D	서유나	총무	부장	서유나 부장	Sandy@officewiz.kr	Sandy	870810-2345PPP	
8	M20150105	M	나윤식	관리	부장	나윤식 부장	Chandler@officewiz.kr	Chandler	870806-1234PPP	
9	A20150105	A	전영주	영업	팀장	전영주 팀장	Alex@officewiz.kr	Alex	861003-1234PPP	
10	K20150105	K	박형연	마케팅	팀장	박형연 팀장	Trace@officewiz.kr	Trace	871216-1234PPP	
11	S20170107	S	나오림	경영지원	사원	나오림 사원	Bern@officewiz.kr	Bern	001107-4345PPP	

주민등록번호와 같은 민감한 개인정보는 직접 ChatGPT에 업로드하기보다, 데
이터 구조를 설명하고 해결 방법을 찾아야 합니다. L열에 마스킹 처리된 주민등
록번호를 입력하려고 합니다.

주민등록번호의 뒷부분 "*"로 바꾸는 방법 물어보기

프롬프트	K열에 주민등록번호가 입력되어 있어. L열의 앞 글자 8개는 그대로 쓰고 뒷 글자 6개를 "*"기호로 바꿔 표시하는 방법을 알려줘.
답변	방법 1: LEFT 함수와 REPT 함수 사용 주민등록번호가 K3 셀에 있다면, 아래 수식을 입력하세요. 함수식 =LEFT(K3, 8) & REPT("*", 6) 방법 2: REPLACE 함수 사용 =replace(k3, 9, 86, "******") replace(k3, 9, 86, "******"): 9번째 문자부터 6자리를 ""로 대체 이 중에서 가장 간단한 방법은 REPLACE 함수(방법 2)입니다. 특별한 조건이 없다면, =replace(k3, 9, 86, "******")를 추천합니다!

이쌤의 Tip

ChatGPT가 제안한 LEFT 함수를 사용할 경우, REPT 함수를 쓰지 않고 =LEFT(K3, 8)&"******"로 작성해도 무방합니다.
주민등록번호처럼 일정한 패턴을 가진 데이터는 엑셀 2013 버전부터 지원되는 '빠른 채우기' 기능을 활용하면 더욱 편리합니다.

빠른 채우기로 주민등록번호의 뒷부분 "*"로 바꾸기

No.	사번	부서코드	이름	부서	직급	이름 직급	이메일	아이디	주민등록번호	주민번호***
1	S20150103	S	전우치	경영지원	부장	전우치 부장	Barrett@officewiz.kr	Barrett	720209-1234PPP	720209-1******
2	C20150107	C	문영주	회계	부장	문영주 부장	Sunny@officewiz.kr	Sunny	750207-2234PPP	750207-2******
3	A20150109	A	이은석	영업	부장	이은석 부장	Sibley@officewiz.kr	Sibley	800413-1******	800413-1******
4	B20150105	B	송기정	기술지원	부장	송기정 부장	Terry@officewiz.kr	Terry	770125-1234PPP	770125-1******
5	S20150105	S	이효임	경영지원	팀장	이효임 팀장	Shan@officewiz.kr	Shan	890332-2345PPP	890332-2******
6	H20150105	H	가제한	고객지원	팀장	가제한 팀장	Ari@officewiz.kr	Ari	860412-1234PPP	860412-1******
7	D20150105	D	서유나	총무	부장	서유나 부장	Sandy@officewiz.kr	Sandy	870810-2345PPP	870810-2******
8	M20150105	M	나윤식	관리	부장	나윤식 부장	Chandler@officewiz.kr	Chandler	870806-1234PPP	870806-1******
9	A20150105	A	전영주	영업	부장	전영주 부장	Alex@officewiz.kr	Alex	861003-1234PPP	861003-1******
10	K20150105	K	박형면	마케팅	팀장	박형면 팀장	Trace@officewiz.kr	Trace	871216-1234PPP	871216-1******
11	S20170107	S	나오임	경영지원	사원	나오임 사원	Bern@officewiz.kr	Bern	001107-4*****	001107-4*****
12	S20170108	S	권하임	경영지원	사원	권하임 사원	Hayden@officewiz.kr	Hayden	020118-3345PPP	020118-3*****
13	H20170107	H	임채원	고객지원	사원	임채원 사원	Halen@officewiz.kr	Halen	800503-1234PPP	800503-1******
14	C20170107	C	이수원	회계	팀장	이수원 팀장	Shadow@officewiz.kr	Shadow	890804-1234PPP	890804-1******
15	C20170109	C	이선진	회계	사원	이선진 사원	Saxton@officewiz.kr	Saxton	980201-2345PPP	980201-2******
16	D20170106	D	채미원	총무	사원	채미원 사원	Bron@officewiz.kr	Bron	910912-2345PPP	910912-2******
17	D20170110	D	서예리	총무	사원	서예리 사원	Shalom@officewiz.kr	Shalom	960119-234PPP	960119-2*****
18	M20170111	M	서민주	관리	사원	서민주 사원	Brook@officewiz.kr	Brook	911104-234PPP	911104-2*****
19	M20170107	M	양주화	관리	사원	양주화 사원	Cameo@officewiz.kr	Cameo	910219-234PPP	910219-2*****
20	A20170113	A	소재현	영업	팀장	소재현 팀장	Carlin@officewiz.kr	Carlin	910925-1234PPP	910925-1******
21	A20170115	A	김기영	영업	사원	김기영 사원	Stacy@officewiz.kr	Stacy	910403-1234PPP	910403-1******
22	A20170116	A	송경인	영업	사원	송경인 사원	Toby@officewiz.kr	Toby	911102-234PPP	911102-2*****

L3셀에 마스킹 처리된 주민등록번호를 직접 입력한 후 엔터를 누르고, L4셀에 '7'을 입력하면, 캡처와 같이 열 전체가 마스킹된 형태로 미리 보기가 나타납니다.

이 기능은 사용자가 입력하는 데이터의 패턴을 인식해 자동으로 채워주는 것으로, 입력할 내용과 미리 보기 내용이 일치하면 '엔터'를 누르면 됩니다. 이를 활용하면 함수를 사용하지 않고도 규칙적인 데이터를 빠르고 정확하게 변환할 수 있습니다.

만약 미리 보기가 나타나지 않는다면, 2개 정도의 데이터를 직접 입력한 후 빠른 채우기 단축키 [Ctrl + E]를 누릅니다. 먼저 입력한 2개의 데이터가 패턴을 인식하는 샘플로 활용됩니다.

날짜의 서식을
일정하게 변경하기

 실습예제: 기간별 환율.xlsx

입력된 날짜 데이터를 일정한 형태로 모두 변경하려면 ChatGPT에게 2가지 방법
으로 요청할 수 있습니다. 하나는 현재 문서에서 셀 서식을 변경하는 방법을 문의
하는 것이고, 다른 하나는 ChatGPT가 직접 변환해주도록 요청하는 것입니다.

	A	B	C	D	E	F	G	H	I
1	일자	송금보내실때	받으실때	현찰사실때	파실때	매매기준율	전일대비	기준환율	대미환산율
2	2025.01.02	1488.20	1459.80	1499.79	1448.21	1474.00	0.00	1470.00	1.00
3	2025.01.03	1486.70	1458.30	1498.26	1446.74	1472.50	-1.50	1468.30	1.00
4	2025.01.06	1476.10	1447.90	1487.58	1436.42	1462.00	-10.50	1466.80	1.00
5	2025.01.07	1469.10	1440.90	1480.46	1429.54	1455.00	-7.00	1470.80	1.00
6	2025.01.08	1475.60	1447.40	1487.07	1435.93	1461.50	6.50	1455.40	1.00
7	2025.01.09	1475.10	1446.90	1486.56	1435.44	1461.00	-0.50	1453.20	1.00
8	2025.01.10	1488.80	1460.20	1500.30	1448.70	1474.50	13.50	1458.20	1.00
9	2025.01.13	1481.70	1453.30	1493.18	1441.82	1467.50	-7.00	1460.70	1.00
10	2025.01.14	1475.10	1446.90	1486.56	1435.44	1461.00	-6.50	1471.30	1.00
11	2025.01.15	1472.60	1444.40	1484.02	1432.98	1458.50	-2.50	1463.30	1.00
12	2025.01.16	1473.10	1444.90	1484.53	1433.47	1459.00	0.50	1460.20	1.00
13	2025.01.17	1473.60	1445.40	1485.04	1433.96	1459.50	0.50	1454.70	1.00
14	2025.01.20	1455.40	1427.60	1466.72	1416.28	1441.50	-18.00	1455.80	1.00
15	2025.01.21	1450.40	1422.60	1461.63	1411.37	1436.50	-5.00	1453.00	1.00
16	2025.01.22	1450.90	1423.10	1462.14	1411.86	1437.00	0.50	1437.90	1.00
17	2025.01.23	1450.40	1422.60	1461.63	1411.37	1436.50	-0.50	1434.30	1.00
18	2025.01.24	1460.00	1432.00	1471.30	1420.70	1446.00	9.50	1437.10	1.00
19	2025.01.31	1471.30	1443.10	1482.20	1431.70	1457.20	11.20	1433.30	1.00

입력된 날짜 데이터의 서식 변경 요청하기

엑셀 파일을 '파일 첨부'한 후 프롬프트를 작성합니다.

프롬프트	A열에 '년. 월. 일' 형태로 입력된 날짜 데이터를 '월/일' 형식으로 변경한 후, 엑셀 파일로 저장해줘.

| | 답변 | 데이터의 '일자' 열을 '월/일' 형식으로 변경했습니다. 변환된 데이터를 엑셀 파일로 저장했습니다. 아래 링크에서 다운로드할 수 있습니다: |

답변 데이터의 '일자' 열을 '월/일' 형식으로 변경했습니다. 변환된 데이터를 엑셀 파일로 저장했습니다. 아래 링크에서 다운로드할 수 있습니다:

변환된_기간별_환율조회.xlsx 다운로드

	A	B	C	D	E	F	G	H	I	J	K
1	일자	금보내실때	받으실때	현찰사실때	파실때	매매기준율	전일대비	기준환율	대미환산율		
2	01/02	1488.2	1459.8	1499.79	1448.21	1474	0	1470	1		
3	01/03	1486.7	1458.3	1498.26	1446.74	1472.5	-1.5	1468.3	1		
4	01/06	1476.1	1447.9	1487.58	1436.42	1462	-10.5	1466.8	1		
5	01/07	1469.1	1440.9	1480.46	1429.54	1455	-7	1470.8	1		
6	01/08	1475.6	1447.4	1487.07	1435.93	1461.5	6.5	1455.4	1		
7	01/09	1475.1	1446.9	1486.56	1435.44	1461	-0.5	1453.2	1		
8	01/10	1488.8	1460.2	1500.3	1448.7	1474.5	13.5	1458.2	1		
9	01/13	1481.7	1453.3	1493.18	1441.82	1467.5	-7	1460.7	1		
10	01/14	1475.1	1446.9	1486.56	1435.44	1461	-6.5	1471.3	1		
11	01/15	1472.6	1444.4	1484.02	1432.98	1458.5	-2.5	1463.3	1		
12	01/16	1473.1	1444.9	1484.53	1433.47	1459	0.5	1460.2	1		
13	01/17	1473.6	1445.4	1485.04	1433.96	1459.5	0.5	1454.7	1		

요청한 형식으로 변경된 엑셀 파일이 작성되었습니다. ChatGPT를 활용해 데이터를 변환하는 장점은 빠르고 편리하게 원하는 작업을 완료할 수 있다는 점입니다. 반면, 단점은 데이터의 정확성을 사람이 직접 검토해야 하는 점입니다.

날짜의 서식을 변경하는 방법 물어보기

ChatGPT에게 작업을 맡기는 대신, 직접 날짜 데이터의 형식을 변경하기 위해 질문합니다.

프롬프트 A열에 '년. 월. 일' 형식으로 입력된 날짜 데이터를 '년-월-일' 형식으로 변경하는 방법을 알려줘.

답변 함수를 사용하지 않고 엑셀의 [찾기 및 바꾸기] 기능을 활용해 변환하는 방법을 설명해드릴게요.

방법: "찾기 및 바꾸기" 기능 활용

– 중략 –

ChatGPT의 답변대로 '바꾸기' 기능을 이용해 데이터를 변경해보겠습니다.

① A열을 선택한 후 [홈] → [편집] → [찾기 및 바꾸기]를 클릭하거나, 단축키 [Ctrl+H]를 눌러 '찾기 및 바꾸기' 창을 엽니다.

② '바꾸기' 탭에서 찾을 내용에 '.'(온점)을 입력하고, 바꿀 내용에 '–'(대시)를 입력한 뒤 [모두 바꾸기]를 클릭합니다.

③ 날짜가 자동으로 '년–월–일' 형태로 바뀌면서 셀의 오른쪽으로 정렬되고, 문자였던 데이터가 숫자(날짜) 데이터로 간단히 변환됩니다.

날짜에 자동으로 요일 표시되는 셀 서식 지정하기

이번에는 날짜와 함께 요일까지 표시되는 셀 서식을 지정해보겠습니다.

프롬프트	날짜 데이터를 '연–월–일 (요일)' 형태로 바꾸는 셀 서식을 알려줘.	
답변	엑셀에서 날짜 데이터를 '연–월–일 (요일)' 형식(예: 2025–02–07 (금))으로 표시하려면 셀 서식을 'yyyy–mm–dd (aaa)'로 지정하면 됩니다.	
답변	추가 변형 가능	
	'월'과 '일'을 한 자리로 표시할 때	
	yyyy–m–d (aaaa)	결과 예시: 2025–2–7 (금요일)
	요일을 짧게 표시할 때	
	yyyy–mm–dd (aaa)	결과 예시: 2025–02–07 (금)
	날짜를 영미식으로 표시할 때	
	d–mmm–yyyy (ddd)	결과 예시: 7–Feb–2025 (Fri)

ChatGPT의 제안을 참고해 날짜와 요일이 간략하게 표시되도록 셀 서식을 바꿔 보겠습니다.

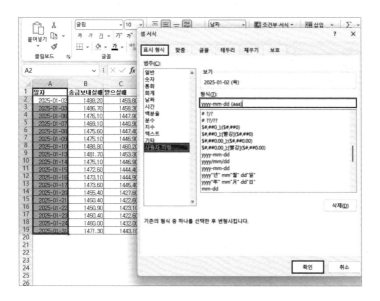

① 날짜가 입력된 셀 범위를 선택한 후 단축키 [Ctrl+1]을 눌러 [셀 서식] 창을 엽니다.
② [표시 형식] 탭에서 범주를 [사용자 지정]으로 선택한 다음, 형식 입력란에 'yyyy-mm-dd (aaa)'를 입력하고 [확인]을 클릭합니다.

이쌤의 Tip

엑셀에서 셀 서식을 변경하는 것은 데이터 자체를 수정하는 것이 아니라, 화면에 표시되는 형태만 바꾸는 것입니다.

한글 공문서에서 주로 사용하는 날짜형식인 '년. 월. 일. (요일)'의 셀 서식은 "yyyy. m. d. (aaa)"입니다.

이름 뒤에
'님', '귀중' 글자 붙이기

실습예제: 판매대장.xlsx

이름 뒤에 '님'이나 '고객님' 등의 문구를 추가해야 할 경우가 있습니다. 이럴 때
는 원본 데이터 자체를 변경하지 않고, 엑셀의 셀 서식을 이용해 화면에 표시되
는 값에만 해당 문구가 나타나도록 설정하는 것이 좋습니다. 이렇게 하면 원본
데이터를 유지하면서도 원하는 형태로 표시할 수 있습니다.

프롬프트	이름 뒤에 "님" 글자를 추가로 표시하는 셀 서식 지정 방법을 알려줘.
답변	셀 서식 변경 방법 "님"을 추가하고자 하는 이름이 입력된 셀 또는 셀 범위를 선택합니다. [Ctrl + 1] 키를 눌러 [셀 서식] 창을 엽니다. [표시 형식] → [사용자 지정]을 선택합니다. 형식 입력란에 @ "님"을 입력합니다. 여기서 @는 셀의 기존 내용을 나타내며, "님"은 그 뒤에 추가될 텍스트를 의미합니다.

ChatGPT가 제안한 방법을 참고해, 이름 뒤에 '님'이라는 글자가 표시되도록 셀
서식을 설정해보겠습니다.

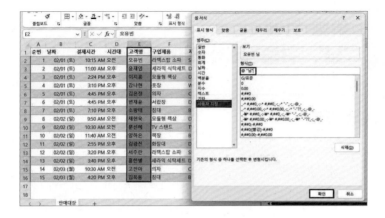

① 이름이 입력된 셀 범위를 선택한 후 단축키 [Ctrl+1]을 눌러 셀 서식 창을 엽니다.
② [표시 형식] 탭에서 범주를 [사용자 지정]으로 선택하고, 형식 입력란에 @ "님"을 입력한 후 [확인]을 클릭합니다.
③ 그러면 이름 뒤에 자동으로 "님"이 추가되어 표시됩니다

필요한 데이터만
추출하기

 실습예제: 지점별 실적.xlsx

데이터에서 필요한 부분만 선택하거나 추출해 다른 작업을 할 때, 엑셀의 어떤 기능을 활용할 수 있는지 알아보겠습니다.

ChatGPT로 필요한 데이터만 추출해서 새 파일로 만들기

프롬프트	연 매출액이 3억 이상인 항목만 추출해 엑셀 파일로 저장해줘.
답변	연 매출액이 3억 이상인 데이터를 추출해 엑셀 파일로 저장했습니다. 아래 링크를 클릭해 다운로드하세요. 연 매출_3억 이상.xlsx 다운로드

	A	B	C	D	E	F	G	H	I	J	K	L	M	N	O	P	Q
1	지점명	담당자	1월	2월	3월	4월	5월	6월	7월	8월	9월	10월	11월	12월	연매출액	연매출평균	매출순위
2	강남점	이혜정	17327540	15906384	28265624	30242380	20913532	40569238	41215184	49527832	52675356	25028178	20959574	24754722	3.67E+08	30615462	1
3	잠실점	이혜정	13581916	15702404	28781937	29001919	31245656	30132260	44026636	39010322	51011546	30405216	18002840	19503300	3.5E+08	29200496	2
4																	

필요한 데이터만 추출해 새로운 엑셀 파일로 저장된 결과를 확인할 수 있습니다.

필요한 데이터만 골라 다른 위치에 저장하는 방법 찾기

ChatGPT에게 업무 데이터를 직접 업로드하지 않고, 데이터의 환경만 활용해 질문하면 업무 문서를 공유하는 부담 없이 해결 방법을 찾을 수 있습니다.

프롬프트	A열부터 Q열까지 지점별 매출결과가 정리되어 있는 엑셀 시트에서 O열에 입력된 연 매출액이 3억 이상인 데이터만 추출해서 S1셀부터 표시하는 방법을 알려줘.
답변	**방법 1: 필터 기능 활용** O열(연 매출액) 필터 드롭다운을 클릭해 숫자 필터 〉 "기준값 이상"을 선택합니다. "300000000" 이상인 값을 필터링합니다. **방법 2: 엑셀 함수 활용 (FILTER 함수)** 엑셀 365 또는 최신 버전에서 사용 가능 S1셀에 아래 수식을 입력합니다. =FILTER(A:Q, O:O)=300000000) 이 함수는 O열의 값이 3억 이상인 행들만 자동으로 필터링해 S1셀부터 표시합니다.

질문에 대한 첫 번째 방법은 자동 필터를 사용해 데이터를 추출한 후 복사 및 붙여 넣기 하는 방법입니다.

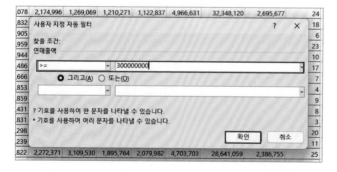

① 데이터 범위 내에서 [Ctrl + Shift + L] 키를 눌러 필터를 추가합니다.
② O열의 필터 단추를 누르고,

③ [숫자 필터 – 크거나 같음]을 선택한 후, 조건으로 "300000000"을 입력하고 [확인]

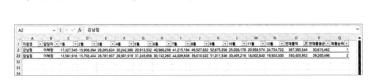

④ 필터링된 결과 범위를 복사해 S1셀에 붙여 넣습니다.

중요한 데이터 골라서 색깔 바꾸기

 실습예제: 지점별 실적_필터링.xlsx

관찰하는 데이터 중에 시각적으로 두드러지게 표시해 상태를 확인해야 할 경우, 어떤 데이터의 식별이 필요한지 ChatGPT에서 파일과 함께 업로드하면 원하는 형태대로 데이터를 시각화한 결과를 얻을 수 있습니다. 반면에 파일을 업로드하지 않고, 필요한 데이터만 시각화할 수 있는 방법을 물어본다면 매번 파일을 업로드할 필요가 없겠죠?

이제 전체 데이터 중에서 수치가 매우 높거나 낮은 값을 각각 다른 색깔로 구분하는 방법을 알아보겠습니다.

프롬프트	전체 데이터 범위에서 O2~O31 범위의 값을 비교해 3억 이상인 행 전체의 배경을 연한 녹색으로 채우는 방법을 알려줘.
답변	엑셀에서 O2~O31 범위의 데이터 중 합이 3억 이상인 행 전체를 연한 녹색으로 채우는 방법은 조건부 서식(Conditional Formatting)을 사용하면 됩니다.
	– 중략 –

조건부 서식을 이용하면 행 전체에 다른 색상을 채워 중요한 수치를 시각화할 수 있습니다. 이제 조건에 맞는 데이터의 행 전체에 다른 색상을 적용하는 방법을 따라 해보겠습니다.

① A2:Q31 범위를 선택합니다.

메뉴 탭에서 [홈] → [조건부 서식] → [새 서식 규칙] → [수식을 사용하여 서식을 지정할 셀 결정]을 클릭합니다.

② '다음 수식이 참인 값의 서식 지정' 란에 =$O2>=300000000을 입력합니다.
③ [서식] 버튼을 클릭한 후, [채우기] 탭에서 '연한 녹색'을 선택하고 [확인]을 눌러 설정을 완료합니다.

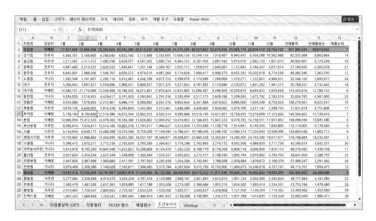

④ 설정된 조건부 서식에 따라 O열의 범위의 합계가 3억 이상인 행 전체가 연한 녹색으로 변경됩니다.

증감률 데이터의 글자 색깔과 증감 표시 자동으로 나타내기

 실습예제: 전일대비.xlsx

수치를 시각화하면 데이터를 더 빠르고 정확하게 이해할 수 있습니다.

전일 대비 열의 수치를 시각적으로 쉽게 구분할 수 있도록, 증감 표시와 함께 글자색을 변경하는 프롬프트를 작성해보겠습니다.

	A	B	C	D	E	F	G	H	I
1	일자	송금보내실때	받으실때	현찰사실때	파실때	매매기준율	전일대비	기준환율	대미환산율
2	2025-01-02 (목)	1468.20	1459.80	1499.79	1448.21	1474.00	0.00	1470.00	1.00
3	2025-01-03 (금)	1466.70	1458.30	1498.26	1446.74	1472.50	-1.50	1468.30	1.00
4	2025-01-06 (월)	1476.10	1447.90	1487.58	1436.42	1462.00	-10.50	1466.80	1.00
5	2025-01-07 (화)	1469.10	1440.90	1480.46	1429.54	1455.00	-7.00	1470.80	1.00
6	2025-01-08 (수)	1475.60	1447.40	1487.07	1435.93	1461.50	6.50	1455.40	1.00
7	2025-01-09 (목)	1475.10	1445.90	1486.56	1435.44	1461.00	-0.50	1453.20	1.00
8	2025-01-10 (금)	1488.80	1460.20	1500.30	1448.70	1474.50	13.50	1458.20	1.00
9	2025-01-13 (월)	1481.70	1453.30	1493.18	1441.82	1467.50	-7.00	1460.70	1.00
10	2025-01-14 (화)	1475.10	1446.90	1486.56	1435.44	1461.00	-6.50	1471.30	1.00
11	2025-01-15 (수)	1472.60	1444.40	1484.02	1432.98	1458.50	-2.50	1463.30	1.00
12	2025-01-16 (목)	1473.10	1444.90	1484.53	1433.47	1459.00	0.50	1460.20	1.00
13	2025-01-17 (금)	1473.60	1445.40	1485.04	1433.96	1459.50	0.50	1454.70	1.00
14	2025-01-20 (월)	1455.40	1427.60	1466.72	1416.28	1441.50	-18.00	1455.80	1.00
15	2025-01-21 (화)	1450.40	1422.60	1461.63	1411.37	1436.50	-5.00	1453.00	1.00
16	2025-01-22 (수)	1458.40	1430.40	1469.74	1414.96	1422.00		1437.00	1.00

프롬프트 "전일대비"의 데이터를 다음과 같이 변경해줘. 양수인 숫자는 "▲" 표시와 함께 숫자를 표시하고, 음수인 숫자는 "▼" 표시와 함께 숫자를 표시해줘. 숫자는 소수 둘째 자리까지 보이게 해줘. 결과는 엑셀 파일로 저장해줘.

파일을 첨부한 후, 프롬프트로 변경한 결과를 다운로드할 수 있습니다. Chat GPT에게 파일을 업로드해 변경을 요청하면 빠르고 손쉽게 처리할 수 있지만, 일부 데이터가 예상과 다르게 변형되는 경우도 있습니다.

그럴 때는 ChatGPT에게 숫자의 증감을 시각적으로 표현할 수 있는 방법을 요청해보세요.

프롬프트	"전일대비"의 데이터를 다음과 같이 변경해줘. 양수인 숫자는 빨간색으로 "▲" 표시와 함께 표시하고, 음수인 숫자는 파란색으로 "▼"표시와 함께 표시해줘. 숫자는 소수 둘째자리까지 보이게 해줘. 결과는 엑셀파일로 저장해줘.
답변	원하신 조건(양수/음수/0 각각 다른 표시, 소수 둘째 자리까지, 기호 포함)에 맞춰 엑셀 셀 서식을 아래와 같이 설정하시면 됩니다. [빨강]▲ 0.00;[파랑]▼ 0.00;0.00

	A	B	C	D	E	F	G	H	I
1	일자	송금보내실때	받으실때	현찰사실때	파실때	매매기준율	전일대비	기준환율	대미환산율
2	2025-01-02 (목)	1488.20	1459.80	1499.79	1448.21	1474.00	0.00	1470.00	1.00
3	2025-01-03 (금)	1486.70	1458.30	1498.26	1446.74	1472.50	▼ 1.50	1468.30	1.00
4	2025-01-06 (월)	1476.10	1447.90	1487.58	1436.42	1462.00	▼ 10.50	1466.80	1.00
5	2025-01-07 (화)	1469.10	1440.90	1480.46	1429.54	1455.00	▼ 7.00	1470.80	1.00
6	2025-01-08 (수)	1475.60	1447.40	1487.07	1435.93	1461.50	▲ 6.50	1455.40	1.00
7	2025-01-09 (목)	1475.10	1446.90	1486.56	1435.44	1461.00	▼ 0.50	1453.20	1.00
8	2025-01-10 (금)	1488.80	1460.20	1500.30	1448.70	1474.50	▲ 13.50	1458.20	1.00
9	2025-01-13 (월)	1481.70	1453.30	1493.18	1441.82	1467.50	▼ 7.00	1460.70	1.00
10	2025-01-14 (화)	1475.10	1446.90	1486.56	1435.44	1461.00	▲ 6.50	1471.30	1.00
11	2025-01-15 (수)	1472.60	1444.40	1484.02	1432.98	1458.50	▲ 2.50	1463.30	1.00
12	2025-01-16 (목)	1473.10	1444.90	1484.53	1433.47	1459.00	▲ 0.50	1460.20	1.00
13	2025-01-17 (금)	1473.60	1445.40	1485.04	1433.95	1459.50	▲ 0.50	1454.70	1.00
14	2025-01-20 (월)	1455.40	1427.60	1466.72	1416.28	1441.50	▼ 18.00	1455.80	1.00
15	2025-01-21 (화)	1450.40	1422.60	1461.63	1411.37	1436.50	▼ 5.00	1453.00	1.00
16	2025-01-22 (수)	1450.90	1423.10	1462.14	1411.86	1437.00	▲ 0.50	1437.90	1.00
17	2025-01-23 (목)	1450.40	1422.60	1461.63	1411.37	1436.50	▼ 0.50	1434.30	1.00
18	2025-01-24 (금)	1460.00	1432.00	1471.30	1420.70	1446.00	▲ 9.50	1437.10	1.00
19	2025-01-31 (금)	1471.30	1443.10	1482.70	1431.70	1457.20	▲ 11.20	1433.30	1.00
20									

중복된 데이터 중에 유일한 데이터만 남기기

 실습데이터 : 부품단가표1.xlsx

데이터 중에 똑같은 데이터가 섞여 있을 때, 중복된 데이터만 골라내거나 유일한 데이터만 사용해야 하는 경우, ChatGPT를 활용해 해결할 수 있습니다.

프롬프트	부품단가표가 입력되어 있는 시트에서 같은 품명이 있을 경우 첫 번째 데이터만 남기고 다음 데이터는 제거해줘. 중복된 행을 제거한 후 엑셀 파일로 저장해줘.
답변	중복된 품명을 제거한 엑셀 파일을 저장했습니다. 아래 링크에서 다운로드할 수 있습니다. 부품단가표1_중복제거.xlsx 다운로드

A	B	C	D	E
1	부품 단가표			
2				
3	품명	규격	단위	단가
4	ABS센서	90	EA	28690
5	DCU(자일대우)	CNG	EA	512070
6	ECU(자일대우)	CNG	EA	1871310
7	ECU(현대)	CNG	EA	1796640
8	H11전구	24V(현대)	EA	5300
9	H3전구	24V(현대)	EA	2910
10	H4전구	24V(현대)	EA	5120
11	H7전구	24V(현대)	EA	5300
12	RPM센서	90	EA	47410
13	RPM센서	90	EA	47410

A2 ▾ : × ✓ fx ABS센

	A	B	C	D
1	품명	규격	단위	단가
2	ABS센서	90	EA	28690
3	DCU(자일ᄃ	CNG	EA	512070
4	ECU(자일ᄃ	CNG	EA	1871310
5	ECU(현대)	CNG	EA	1796640
6	H11전구	24V(현대)	EA	5300
7	H3전구	24V(현대)	EA	2910
8	H4전구	24V(현대)	EA	5120
9	H7전구	24V(현대)	EA	5300
10	RPM센서	90	EA	47410
11	가스레귤러	CNG	EA	825490
12	가스섬머스	CNG	EA	123600
13	가스압력며	90	EA	77690

데이터 중에 품명을 기준으로 중복된 데이터가 제거된 상태로 엑셀 파일이 제공되었습니다. 어떤 데이터가 중복된 데이터였는지 확인하고 싶다면 이어서 추가 질문을 합니다.

프롬프트	제거된 데이터의 목록을 보여줘.
답변	제거된 데이터 목록을 확인할 수 있도록 표시해두었습니다.

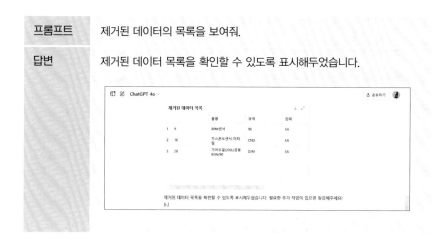

중복된 항목 지정해 제거하기

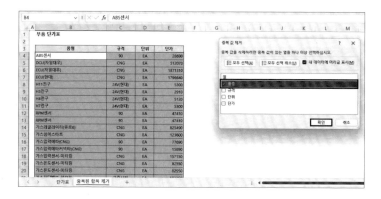

① 중복 제거할 데이터의 범위 전체 또는 그중 임의의 셀을 선택합니다.
② 메뉴 탭 [데이터] → [데이터 도구] → [중복된 항목 제거] 메뉴를 누릅니다.
③ [중복된 항목 제거] 창이 나타나면 '품명' 열만 체크하고 [확인] 클릭합니다.

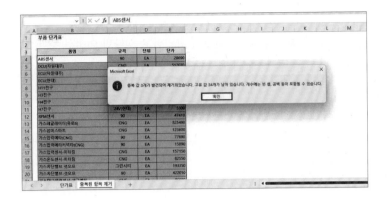

중복된 데이터를 제거할 때 어떤 기준으로 제거할지에 따라 '열' 체크 항목을 다르게 하면서 중복값의 기준을 선택합니다. '품목'과 '규격'의 2개 열을 중복으로 판단해 데이터를 제거할 수도 있고, '품목', '규격', '단위', '단가'까지 모든 항목이 일치하는 데이터만 중복데이터로 제거할 수도 있습니다.

고급필터로 중복된 행 제거하기

두 번째 방법인 고급 필터는 원본을 그대로 두고, 다른 위치에 유일한 데이터만 복사하는 방법입니다. 고급 필터는 빠르면서도 안전하게 중복데이터를 배제합니다.

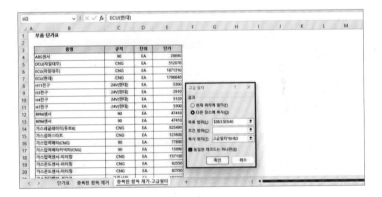

① 데이터 범위에서 임의의 셀을 선택하고 메뉴 탭 [데이터] → [정렬 및 필터] → [고급]을 누릅니다.
② 고급 필터 창이 나오면 [결과: 다른 장소에 복사]를 체크하고, [복사 위치] 칸에 데이터가 시작될 위치를 클릭해서 입력하고 [동일한 레코드는 하나만]을 체크한 후 [확인]을 누릅니다.

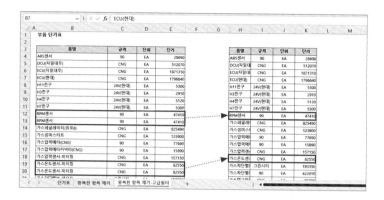

③ 선택한 위치에 중복된 행이 제거된 상태로 데이터가 표시됩니다.

단, 중복된 항목 제거와 같이 중복데이터의 기준을 선택할 수는 없고, 행 전체를
비교했을 때 모두 다 똑같을 경우에 제거하는 제한적인 기능입니다.

자동 필터보다 훨씬 편한
슬라이서 활용하기

 실습예제: 물품도착현황.xlsx

전체 데이터에서 일부 데이터만 선택해볼 수 있는 자동 필터는 쉽고 간단한 기능입니다. 하지만 드롭다운 메뉴를 반복해서 열어 설정과 해제를 해야 하며, 필터링된 원본 데이터를 직접 확인할 수 없다는 점이 불편합니다.

이러한 불편함을 해결할 방법을 찾기 위해 질문과 실습을 해보겠습니다.

프롬프트	첫 번째 질문: 물품 도착 현황표에서 도착 현황별로 자동 필터하는 방법 중에 효율적인 방법이 뭘까?
	두 번째 질문: 슬라이서 활용하는 방법을 순서대로 설명해줘.
답변	물품 도착 현황을 효율적으로 필터링하는 방법
	1. 슬라이서(Slicer) 활용 (추천)
	2. 자동 필터에서 필터 옵션 사용
	3. 색 필터 활용 (조건부 서식과 함께 사용)
	결론
	직관성과 속도를 고려하면 '슬라이서'가 가장 효율적이며, 색 필터나 자동 필터의 텍스트 필터를 함께 활용하면 업무가 더 편리해집니다.
	엑셀에서 슬라이서를 활용해 데이터 필터링하는 방법
	1. 데이터 준비
	2. 슬라이서 삽입하기
	3. 슬라이서를 사용해 필터링

ChatGPT를 통해 자동 필터 업무를 효율적으로 처리하는 '슬라이서' 활용에 대한 정보를 얻었습니다. 다시 두 번째 질문을 해서 알게 된 방법대로 슬라이서를 적용해보겠습니다.

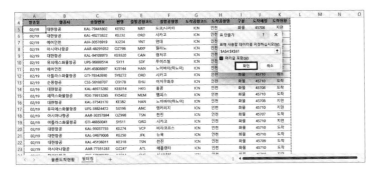

① 데이터가 포함된 임의의 셀을 선택하고 [Ctrl + T]를 눌러 '표'로 변환합니다.

② 표나 피벗 테이블을 선택한 상태에서 메뉴 탭 [삽입] → [필터] → [슬라이서]를 클릭합니다. 나타나는 창에서 원하는 필드(예: 도착 현황)를 선택합니다.

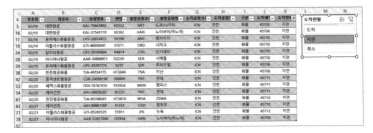

③ 슬라이서에서 원하는 조건의 버튼을 클릭하면 해당 항목만 표시됩니다. 오른쪽 상단의 [X] 버튼을 클릭하면 필터링이 초기화됩니다. 슬라이서의 크기는 단추를 사용하기 적당한 크기로 조절해 활용합니다.

[Ctrl] 키를 누른 상태에서 추가 버튼을 클릭하면 여러 조건을 동시에 적용할 수 있습니다.

여러 조건을 선택해야 할 경우, [X] 단추 옆의 [다중 선택] 버튼을 클릭하면 Ctrl 키 없이도 클릭만으로 조건을 추가할 수 있습니다. 슬라이서는 도형과 같이 크기와 위치를 자유롭게 조절할 수 있습니다. 또한, 슬라이서 메뉴 탭의 [단추-열] 옵션에서 숫자를 변경하면 가로 방향의 버튼 개수를 조절할 수 있습니다.

슬라이서의 위치와 크기, 단추의 열 개수를 조정해 데이터를 좀 더 쉽게 관찰할 수 있도록 설정하면 편리합니다.

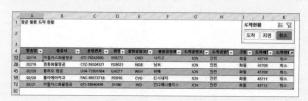

엑셀 버전에 맞는
업무용 함수식 작성하기

 실습예제: ChatGPT로 함수식 작성.XLSX

엑셀 데이터를 처리할 때 필요한 함수를 ChatGPT에게 물어보고 작성하면 혼자 작성할 때보다 훨씬 정확하고 편리하게 수식 작성이 가능합니다. 일반 업무에서 많이 사용하는 함수식을 작성하는 프롬프트를 참고해서 업무에 필요한 함수식을 자신 있게 사용해보세요.

숫자를 문자로 바꾸기

프롬프트	엑셀의 숫자를 한글로 읽어주는 함수를 알려줘.
답변	엑셀에서 숫자를 한글로 읽어주는 함수는 NUMBERSTRING입니다. =NUMBERSTRING(셀주소, 옵션) A1 셀의 숫자를 한글로 변환하려면 다음과 같이 입력합니다: =NUMBERSTRING(A1, 1) 옵션에는 3가지가 있습니다. 옵션 1: 한글 금액 단위로 변환 (예: "오억구천삼백육십육만일천이백") 옵션 2: 한자 금액 단위로 변환 (예: "五億九千三百六十六萬一千二百") 옵션 3: 숫자를 개별적으로 읽은 값으로 변환 (예: "오구삼육육일이영영")

숫자가 k8셀에 입력되어 있을 때 =NUMBERSTRING(K8,1) 을 입력하면, 숫자가
한글로 표시됩니다.

필요한 데이터만 골라 다른 위치에 저장하는 Filter함수

프롬프트	A열부터 Q열까지 지점별 매출결과가 정리되어 있는 엑셀 시트에서 O열에 입력된 연 매출액이 3억 이상인 데이터만 추출해서 S1셀부터 표시하는 함수식을 작성해줘.
답변	FILTER 함수 엑셀 365 또는 최신 버전에서 사용 가능 S1셀에 아래 수식을 입력합니다. =FILTER(A:Q, O:O)=300000000) 이 함수는 O열의 값이 3억 이상인 행들만 자동으로 필터링해서 S1셀부터 표시합니다.

데이터를 추출할 S1셀에 "=FILTER(A:Q, O:O)=300000000)"를 입력하면 필터링
할 데이터만 추출해서 S1셀부터 표시된 것을 볼 수 있습니다.

낮은 버전의 함수식으로 수정하기

엑셀의 일부 함수는 365 버전과 2021 이후 버전에서만 사용이 가능합니다. 편
리하게 복잡한 업무를 처리할 수 있는 함수이지만, 낮은 버전에서는 사용할
수 없으므로 함수를 다르게 써야 합니다. 다른 버전의 함수로 바꾸는 과정은

ChatGPT가 매우 잘하는 일이기도 합니다.

프롬프트	S1셀 : =FILTER(A1:Q31, O1:O31)=300000000) FILTER 함수가 지원되지 않는 2016 버전에서 이 함수식과 같은 결과를 얻을 수 있는 함수식으로 변경해줘.
답변	FILTER 함수가 지원되지 않는 Excel 2016 버전에서 동일한 결과를 얻기 위해 INDEX와 AGGREGATE 함수를 조합해서 사용할 수 있습니다. 다음과 같은 배열 수식을 사용하세요: =IFERROR(INDEX($A$1:$Q$31,AGGREGATE(15,6, ROW($A$1:$A$31)/($O$1:$O$31)=300000000),ROW(1:1)),COLUMN(A:Q)), "")

데이터가 입력된 S1셀에 이 수식을 입력합니다. 배열 수식이므로 수식 입력 후 [Ctrl+Shift+Enter]를 눌러 입력해야 합니다. 배열 수식은 모든 버전에서 사용 가능하며, 2019 이후의 버전에서는 [Ctrl+Shift+Enter]를 누르지 않아도 됩니다.

데이터 조회하는 함수식 작성하기(VLOOKUP)

다른 위치에 있는 데이터를 조회하는 작업을 하기 위해 실무에서 많이 사용하는 함수가 VLOOKUP함수입니다. 함수식을 물어보고, 작성 방법을 이해한 후 스스로 작성할 수 있도록 연습해보세요.

직종번호	직종명	노임단가		직종별 노임단가 조회하기	
1001	작업반장	213,033			
1002	보통인부	169,804		직종번호	1006
1003	특별인부	221,506		직 종 명	
1004	조력공	180,331		노 임 단 가	
1005	제도사	232,099			
1006	비계공	279,433			
1007	형틀목공	272,831			
1008	철근공	264,104			
1009	철공	237,754			
1010	철판공	219,236			
1011	철골공	250,239			

프롬프트	조회할 범위 : B~D열(직종번호, 직종명, 노임단가)
	G4셀에 입력된 직종번호를 검색해서 직종명(G5), 노임단가(G6)를 입력할 수 있는 함수식을 작성해줘.
답변	엑셀에서 G4셀에 입력된 직종번호를 기준으로 B~D열에서 해당 정보를 찾아 G5(직종명), G6(노임단가) 에 자동 입력되도록 하는 함수식을 작성할 수 있습니다.
	G5(직종명)셀에 입력할 함수: "=VLOOKUP(G4, B:D, 2, FALSE)"
	G6(노임단가)셀에 입력할 함수: "=VLOOKUP(G4, B:D, 3, FALSE)"
	설명: G4셀에 입력된 직종번호를 B:D 범위에서 검색해서 두 번째 열(C열, 직종명) 값을 반환하는 함수식

이쌤의 Tip

VLOOKUP함수는 '검색할 값'이 '조회할 범위'에서 항상 첫 번째 열이어야 조회가 가능합니다. 첫 번째 열에서 검색할 값을 찾고 오른쪽 열 방향으로 이동하며서 조회를 하는 함수인 점을 주의하세요.
마지막 인수인 "FALSE"는 검색할 값과 일치하는 값만 조회한다는 의미의 검색 옵션입니다. "FALSE" 대신 "0"을 입력해도 괜찮습니다.

수식에 오류가 나타날 때 해결하기

셀에 수식을 미리 입력해놓으면 데이터가 들어올 때 자동으로 결과가 입력되어 편리하지만, 데이터 입력이 안되었을 때 오류로 표시되는 경우가 있습니다. 빈 값으로 인한 오류 처리 방법을 찾아봅니다.

프롬프트	데이터를 조회하는 함수식(=VLOOKUP(G4,B:D,2,FALSE))에서 검색할 값이 없을 때 "#N/A"오류가 나타나는 현상을 해결할 수 있는 방법을 알려줘.
답변	엑셀에서 VLOOKUP(G4, B:D, 2, FALSE)을 사용할 때, G4에 입력된 직종 번호가 B열에 존재하지 않으면 #N/A 오류가 발생합니다. IFERROR 함수를 사용하면 #N/A 오류가 발생할 때 원하는 값(예: 빈칸 "" 또는 "조회되지 않음")으로 대체할 수 있습니다. 수정된 함수식: "=IFERROR(VLOOKUP(G4, B:D, 2, FALSE), "")"

이쌤의 Tip

"=IFERROR(값, "")"은 빈 값으로 인한 오류를 해결하기도 하지만, 모든 오류를 공백으로 표시하기 위한 함수입니다. 다른 오류는 모두 표시하고, 값 입력 전에 나타나는 공백만 지정한 값으로 처리하려면 "=IFNA(값,"")"로 함수를 다르게 사용하면 효과적입니다.

다방향 조회가 가능한 XLOOKUP함수식 작성하기

조회할 때 실무에서 많이 사용하고 있는 VLOOKUP함수는 검색할 값이 왼쪽 방향에 있다면 조회가 불가능합니다. 이럴 때 최신 엑셀 함수인 XLOOKUP을 사용하면 왼쪽, 오른쪽 구분 없이 어느 위치의 데이터라도 조회가 가능하고, VLOOKUP함수식을 작성할 때 콤비처럼 함께 작성하는 IFERROR의 역할까지 한 번에 작성할 수 있습니다. 인수가 많은 함수라 ChatGPT에게 정확한 함수식을 제안받아 업무 데이터에 사용해봅니다.

G5			f_x	=XLOOKUP(G4, C:C, B:B, "")					
A	B	C	D	E	F	G	H	I	J	K

직종번호	직종명	노임단가
1001	작업반장	213,033
1002	보통인부	169,804
1003	특별인부	221,506
1004	조력공	180,331
1005	제도사	232,099
1006	비계공	279,433
1007	형틀목공	272,831
1008	철근공	264,104
1009	철공	237,754

직종별 노임단가 조회하기

직 종 명	교통정리원
직종번호	5013
노임단가	170,990

프롬프트	"B열: 직종번호, C열: 직종명, D열: 노임단가"가 입력되어 있을 때 G4셀의 직종명을 검색해서 G5셀에 직종번호, G6셀에 노임단가를 조회하는 함수식을 작성해줘. 검색할 값이 없을 때는 공백으로 처리해줘.
답변	XLOOKUP 함수를 사용하면 VLOOKUP보다 더 간단하고 유연한 방식으로 데이터를 조회할 수 있습니다. G5셀: 직종명을 기준으로 직종번호 찾기 "=XLOOKUP(G4, C:C, B:B, "")" G6셀: 직종명을 기준으로 노임단가 찾기 "=XLOOKUP(G4, C:C, D:D, "")"

다방향 조회가 가능한 INDEX 함수식 작성하기

프롬프트	"B열: 직종번호, C열: 직종명, D열: 노임단가"가 입력되어 있을 때 G4셀의 직종명을 검색해서 G5셀에 직종번호, G6셀에 노임단가를 조회하는 INDEX 함수식을 작성해줘. 검색할 값이 없을 때는 공백으로 처리해줘.

답변	**직종명을 기준으로 직종번호 찾기** G5셀: =IFERROR(INDEX(B:B, MATCH(G4, C:C, 0)), "") 〈설명〉 MATCH(G4, C:C, 0): G4에 입력된 직종명을 C열에서 찾아 위치 반환 INDEX(B:B, 위치): 해당 위치의 B열(직종번호) 값 반환 IFERROR(..., ""): 검색 결과가 없을 경우 빈칸("") 처리 **직종명을 기준으로 노임단가 찾기** G6셀: =IFERROR(INDEX(D:D, MATCH(G4, C:C, 0)), "")

찾는 데이터가 여러 개일 때 한꺼번에 조회해오기

사번으로 해당 사원의 연수 기록을 조회해서 정리하는 자료에서, VLOOKUP함수로 사번을 통해 조회했더니, 연수 기록이 2번 이상인 사원은 첫 번째 연수 기록만 보이고 있습니다. 연수에 참여했을 때마다 모두 조회되는 함수식을 찾아볼까요?

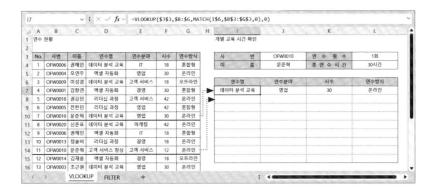

프롬프트	연수 현황 데이터의 범위: B3~G23열 J3셀에 입력된 사번을 B열에서 검색하고 D열부터 조회되는 모든 데이터를 I7부터 입력하는 함수식을 작성해줘. 입력할 데이터가 없을 때는 공백으로 처리해줘.

답변	FILTER 함수를 사용해서 J3 셀에 입력된 사번을 B열(B4:B23)에서 검색하고, D열부터 시작하는 모든 데이터를 I7부터 출력하도록 함수식을 작성했습니다. =IFERROR(FILTER(D4:G23, B4:B23=J3, ""), "")

다시 입력하는 하위 버전용 함수식 프롬프트

프롬프트	낮은 버전에서 사용할 수 있는 함수식으로 작성해줘.
답변	낮은 버전의 Excel에서는 FILTER 함수가 지원되지 않으므로, IF, INDEX, MATCH, ROW, SMALL 함수를 조합해서 대체할 수 있습니다. 아래는 J3 셀에 입력된 사번을 검색해서 해당하는 연수 데이터를 I7~L16 범위에 출력하는 수식입니다. =IFERROR(INDEX(D$4:D$23, SMALL(IF($B$4:$B$23=$J$3, ROW($B$4:$B$23)—ROW($B$4)+1), ROW(A1))), "")

실무에서 문의가 많은 몇 가지 함수들을 ChatGPT와 함께 작성하는 방법을 알아봤습니다. 여기서 작성한 함수식의 프롬프트를 참고해서 다양한 함수식을 작성해보세요.

매크로를 쉽게 쓰는
매크로 기록 배우기

 실습예제 : 주문서.xlsx

엑셀의 매크로 기능은 사용자가 반복적으로 수행하는 작업을 자동으로 기록하고 실행하는 기능입니다. 일련의 작업을 매크로로 저장해두면, 단축키 입력이나 클릭 한 번만으로 동일한 작업을 즉시 실행할 수 있습니다.

매크로 기록을 이용하면 직접 코드를 작성하지 않아도, 엑셀이 자동으로 명령 코드를 생성해주므로 초보자도 비교적 쉽게 업무 자동화를 시도할 수 있습니다. 예를 들어, 금액의 크기에 따라 데이터를 정렬하고, 데이터 막대로 시각화하는 작업을 자주 반복해야 한다면, 이러한 과정을 엑셀의 '매크로 기록' 기능을 활용해 자동화할 수 있습니다.

질문 포인트
1. 작업 내용 설명
2. 명령을 실행할 때 단추를 이용할 것
3. 매크로 기록하는 방법을 쉽게 설명할 것

프롬프트	엑셀 매크로 기록 방법을 단계별로 설명해줘. 금액의 크기에 따라 순서를 정렬한 후 데이터 막대로 시각화하는 과정을 단추를 눌러서 실행하려고 해.
답변	엑셀에서 양식 컨트롤 단추를 먼저 만들고, 매크로를 기록해 실행하는 과정을 단계별로 설명해드리겠습니다. 이 과정에서는 단추를 눌러서 금액 크기에 따라 정렬하고, 데이터 막대로 시각화하는 기능을 구현합니다. 1단계: [개발 도구] 탭 활성화 2단계: 양식 컨트롤 단추 삽입 3단계: 매크로 기록(정렬 및 데이터 막대 적용) 4단계: 매크로 기록 중지 5단계: 단추 편집 및 실행 테스트

매크로 기록 과정과 시각화하는 과정에 대한 답변을 참고해 금액 정렬과 시각화를 하는 과정을 따라 해보겠습니다.

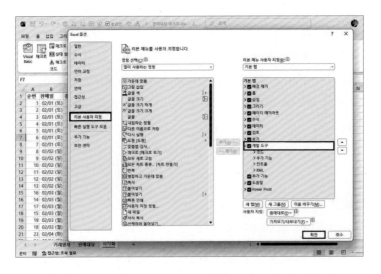

① 엑셀에서 매크로 기능을 사용하려면 [개발 도구] 탭을 활성화해야 합니다. [파일] → [옵션] → [리본 사용자 지정]으로 이동한 후, 오른쪽 목록에서 '개발 도구'를 체크하고 [확인]을 클릭합니다.

② [개발 도구] 탭 → [삽입] → [양식 컨트롤]의 [단추]를 선택한 후 원하는 위치에 단추를 드래그해 배치합니다.

③ '매크로 지정' 창이 나타나면, 매크로 이름을 '금액보기'로 입력합니다. 매크로 이름은 띄어쓰기 없이 작성해야 하며, 문자로 시작해야 합니다.

④ [기록] 버튼을 클릭하면 매크로 기록 창이 다시 나타납니다. 이때, 한 번 더 [확인]을 클릭해 매크로 기록을 시작합니다.

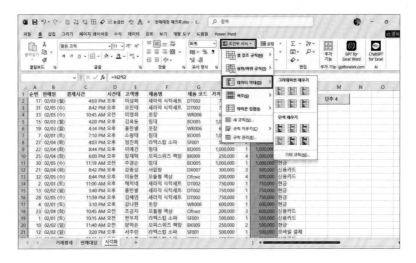

⑤ 이제부터 실행하는 작업이 기록됩니다. 먼저, 금액 데이터 중 1개의 셀을 선택한 후 내림차순 정렬을 수행합니다. 그런 다음, 금액 범위를 선택하고 [홈] 탭 → [스타일] → [조건부 서식] → [데이터 막대]에서 원하는 색상을 선택합니다

⑥ 작업이 끝나면 선택한 범위를 해제하기 위해 임의의 셀을 클릭한 후 [개발 도구] 탭 → [코드] → [기록 중지]를 클릭합니다.

⑦ 매크로 기록 작업이 끝나면, 매크로 실행 단추의 이름을 바꾸기 위해 마우스 오른쪽 버튼을 클릭 후 [텍스트 편집]을 누르고 이름을 변경합니다.

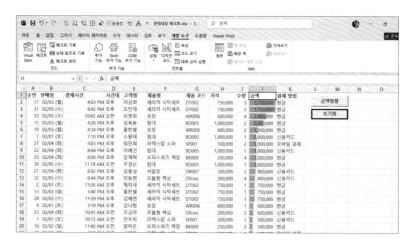

⑧ 금액을 큰 금액부터 볼 수 있게 정렬하고, 데이터 막대로 시각화하는 작업을 단추로 실행할 수 있는 매크로 기록을 완성했습니다. 이 작업은 설정 후 다시 처음으로 돌아가는 과정이 필요하므로 초기화를 위한 매크로 단추를 하나 더 지정해야겠습니다.

먼저 작성해놓은 [금액정렬] 단추를 [Ctrl + Shift 키]를 누른 상태에서 아래로 드래그하면, 동일한 양식 컨트롤 단추를 쉽게 추가할 수 있습니다. 그런 다음, 텍스트를 변경하고 매크로 기록을 다시 수행합니다.

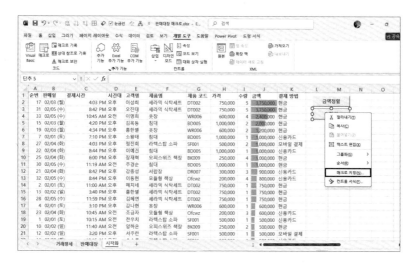

⑨ 마우스 오른쪽 버튼을 클릭 후 [매크로 지정]을 누릅니다.
⑩ 매크로 지정 창에서 매크로 이름을 입력하고 [기록]을 누릅니다.

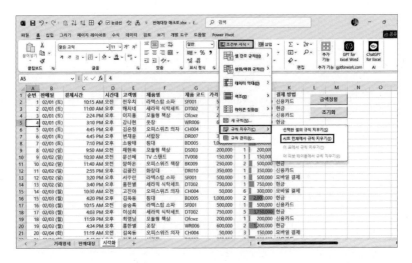

⑪ '순번'열에서 '오름차순 정렬'을 하고, [조건부 서식]→[규칙 지우기]→[시트 전체의 규칙 지우기]를 하면 매크로 지정 이전의 상태로 초기화 됩니다.

⑫ 초기화 매크로 기록의 종료를 위해 [개발 도구] 탭→[코드]→[기록 중지]를 클릭합니다.
초기화된 데이터에서 언제든지 작성해놓은 단추를 통해 '금액정렬'과 '초기화'를 바로 할 수 있게 되었습니다.

이쌤의 Tip

초기화 과정에서 [조건부 서식] → [선택한 셀의 규칙 지우기]를 사용하면, 선택한 범위의 조건부 서식만 제거됩니다.

매크로를 포함한 파일은 '파일이름.xlsm' 형식으로 저장해야 이후에도 매크로를 사용할 수 있습니다. 일반 엑셀 파일처럼 '파일이름.xlsx' 형식으로 저장하면 매크로 코드가 저장되지 않아, 단추만 남고 실행은 되지 않습니다.

매크로 기록 기능은 사용자의 작업을 그대로 기록해 동일한 작업을 다시 실행하는 기능입니다. 이 과정에서 엑셀은 사용자를 대신해 해당 작업에 대한 VBA 코드를 자동으로 작성합니다.

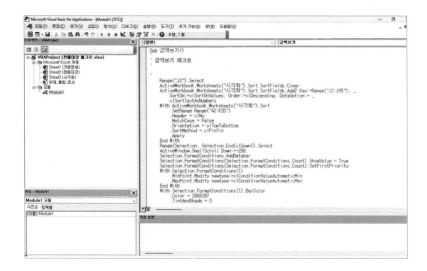

기록된 코드 목록은 [개발 도구] 탭 → [코드] → [매크로]를 클릭하면 확인할 수
있습니다. [편집] 버튼을 누르면 작성된 코드를 보고 편집할 수 있는 [VBE] 창이
열립니다.

간단한 작업을 한 것 같지만, 생각보다 작성된 코드가 많아 보입니다. 확인한 후
[X] 버튼을 눌러 [닫기]를 합니다.

데이터별로 1장씩 PDF
인쇄하는 반복 매크로 만들기

 실습예제: 매크로 Phone.xlsm[1]

엑셀 매크로는 VBA 코드를 활용해 반복적이고 복잡한 업무를 자동화할 수 있는 매우 효과적인 기능이지만, 코딩에 익숙하지 않은 일반 사용자에게는 유용함에도 불구하고 어려운 기능입니다. 그러나 코딩 잘하는 ChatGPT를 이용하면 복잡한 엑셀 매크로 코드를 생성하거나 수정할 수 있어서 비전문가도 자동화 작업을 손쉽게 수행할 수 있습니다.

이 단원의 내용은 작업의 상세 내용보다 매크로 코드를 작성하는 방법에 집중해서 이해 바랍니다.

매크로 코드를 작성하려면 무엇보다 작업의 흐름을 잘 설계할 필요가 있습니다. 내가 원하는 일이 어떤 일인지 구체적으로 목적과 결과물의 상태를 정리한 후 매크로 작성을 요청해야 제대로 된 결과를 얻을 수 있습니다. 어떻게 설계해야 할지 모르겠다면 설계과정부터 ChatGPT와 상의를 하면서 매크로 코드까지 진행하는 과정이 필요합니다.

1. Kushwaha, G. P. (2023). Samsung Mobiles Latest Dataset (Version 1) [Data set]. Kaggle. https://www.kaggle.com/datasets/gyanprakashkushwaha/samsung-mobiles-latest-dataset

1단계: 작업 설계

ChatGPT의 답변을 참고해서 데이터의 구조를 적합하게 작성한 다음 매크로 코드를 작성해야 합니다.

2단계: 코드 작성

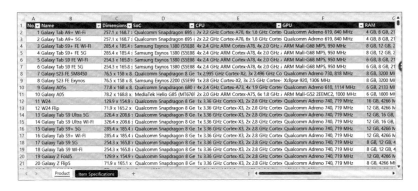

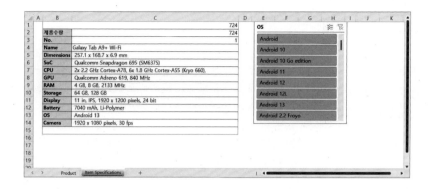

이 작업의 순서는 다음과 같습니다.

① 첫 번째 시트(Product)의 데이터를 두 번째 시트(Item Specifications)에서 조회하는 파일입니다. "OS"슬라이서 단추를 누르면 "Product"시트의 해당 데이터가 필터링되고 그 데이터의 개수가 "C2"셀에 표시됩니다.
② "C2"셀에 2가 표시되면 조회가 되는 2개의 데이터를 순서대로 각각 1부씩 PDF 파일로 저장합니다.
③ 저장하는 파일의 이름은 제품명이 있는 "C3"셀의 데이터로 표시합니다.
④ 작업이 끝날 때마다 "C3"셀의 값은 항상 "1"로 초기화되도록 설정합니다.

이 내용이 반영되는 프롬프트를 작성합니다.

프롬프트	엑셀 인쇄 매크로 작성
	C3셀에 숫자를 입력해줘. 숫자는 C2셀에 있는 숫자가 될 때까지 1부터 차례대로 바꾸고, 새로운 숫자가 바뀔 때마다 "Item Specifications"의 B1:C15까지의 범위를 PDF 파일로 인쇄해줘. 모든 인쇄가 끝나면 C3셀의 숫자는 항상 1이 되어야 해. 파일 저장위치는 "C:\Users\[사용자이름]\Downloads\인쇄" 파일 이름 앞에 "C4"셀의 데이터가 먼저 표시되도록 조합해서 만들어줘.

답변	요청하신 작업을 수행하는 Excel VBA 매크로 코드입니다.
	Sub PrintToPDF()
	    Dim i As Long
	    Dim target As Long
	
	〈중략〉
	
	End Sub

코드의 내용을 직접 확인하고 싶다면 아래와 같이 추가 질문을 해보는 것도 좋습니다. 물론, 반드시 코드를 모두 이해해야만 하는 것은 아니므로 바로 코드 사용으로 넘어가도 괜찮습니다.

프롬프트	이 코드를 내가 이해할 수 있도록 쉬운 말로 설명해줘.
답변	물론입니다. 아래는 이 PrintToPDF 매크로 코드가 어떤 일을 어떻게 수행하는지를 한 줄씩 순서대로 아주 쉽게 풀어 설명한 내용입니다. 전체 흐름 요약 "Item Specifications" 시트에서 C2셀에 적힌 숫자까지 1부터 반복하면서, C3에 숫자를 바꿔 넣고, 그 숫자에 따라 C4셀의 값을 가져와 B1:C15 범위를 PDF로 하나씩 저장하고, 모든 작업이 끝나면 C3을 다시 1로 설정하는 코드입니다. Sub PrintToPDF() ▶ "PrintToPDF"라는 이름의 매크로(작업 묶음)를 시작한다는 뜻이에요. 〈중략〉

코드 입력하기

메뉴 탭에서 [개발도구-코드-Visual Basic]메뉴를 누르면 VisualBasic 코드 편집기(VBE) 창이 뜹니다. 단축키 Alt+F11 키를 누르거나 시트탭에서 마우스 오른쪽 버튼을 클릭 후 [코드 보기]를 눌러도 VBE로 들어갈 수 있습니다.

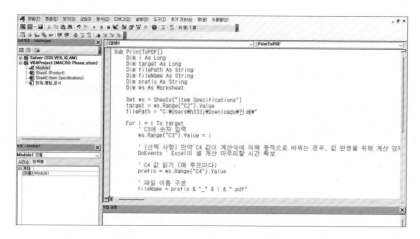

① 메뉴 탭에서 [삽입-모듈]을 누르고, ChatGPT로 만든 코드를 복사해서 붙여 넣기 합니다.
② 코드를 입력한 후 별도로 저장할 필요는 없습니다. 바로 창 닫기를 합니다. 이 매크로를 더 편하게 사용하기 위해 매크로와 연결할 단추를 추가합니다.
③ 메뉴 탭의 [개발도구-컨트롤-삽입-양식 컨트롤-단추]를 누르고, 시트에 단추를 그립니다.

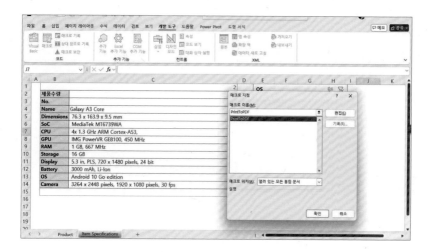

④ 단추를 그리면 바로 나타나는 [매크로지정] 대화상자에 작성된 매크로의 이름이 보입니다. 이
   이름을 클릭하고 [확인]을 누릅니다.
⑤ 매크로 지정이 된 단추의 이름을 마우스 오른쪽 버튼을 클릭 후 텍스트 편집을 누르고 "인쇄"
   로 바꿉니다.

⑥ OS 슬라이서의 검색할 대상의 단추를 클릭한 후 [인쇄] 단추를 누릅니다.

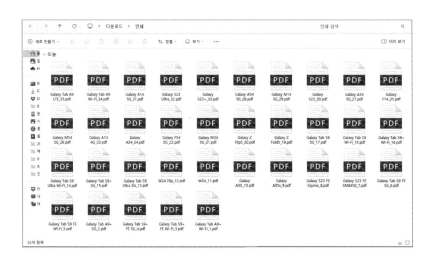

순식간에 35개의 PDF 파일이 지정한 위치에 각각 제품 이름으로 저장이 되었습
니다.

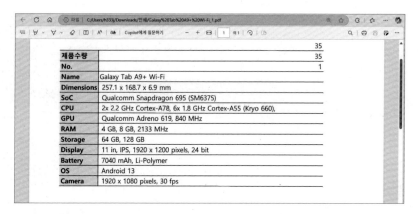

제품수량		35
		35
No.		1
Name	Galaxy Tab A9+ Wi-Fi	
Dimensions	257.1 x 168.7 x 6.9 mm	
SoC	Qualcomm Snapdragon 695 (SM6375)	
CPU	2x 2.2 GHz Cortex-A78, 6x 1.8 GHz Cortex-A55 (Kryo 660),	
GPU	Qualcomm Adreno 619, 840 MHz	
RAM	4 GB, 8 GB, 2133 MHz	
Storage	64 GB, 128 GB	
Display	11 in, IPS, 1920 x 1200 pixels, 24 bit	
Battery	7040 mAh, Li-Polymer	
OS	Android 13	
Camera	1920 x 1080 pixels, 30 fps	

각 파일을 열어보면 지정한 위치의 내용이 정확하게 한 장씩 파일로 만들어져 있는 것을 확인할 수 있습니다.

이 매크로에 2가지 기능을 추가로 더 요구해볼까요?

프롬프트	작동이 잘되는 좋은 코드야. 고마워. 작업이 끝난 것을 메시지로 알려주는 코드를 추가해줘. 그리고, 이 코드를 조금더 짧게 줄여볼 수 있을까? 내용이 달라진다면 꼭 줄일 필요는 없어. 어떻게 하면 좋을지 의견을 줘.

답변	칭찬해주셔서 감사합니다. 작업이 모두 완료되었음을 사용자에게 알려주는 메시지 박스를 마지막에 추가하면 사용자가 인쇄 종료를 명확히 인지할 수 있어 좋습니다. 또한 현재 코드는 가독성, 안정성, 기능의 균형이 잘 잡힌 상태입니다. 하지만 몇 가지 개선 여지를 기준별로 살펴볼 수 있습니다:
	아래는 메시지박스를 포함하고 불필요한 변수나 주석을 정리해서 더 간결하고 구조적으로 보이게 하는 최종 코드입니다.
	
	Sub PrintToPDF()
	    Dim i As Long, target As Long
	    Dim ws As Worksheet: Set ws = Sheets("Item Specifications")
	    target = ws.Range("C2").Value
	  For i = 1 To target

```
        With ws
            .Range("C3").Value = i
            DoEvents
            .Range("B1:C15").ExportAsFixedFormat _
                Type:=xlTypePDF, _
                    Filename:="C:\Users\[사용자이름]\Downloads\인쇄\" &
    .Range("C4").Value & "_" & i & ".pdf", _
                Quality:=xlQualityStandard, _
                IncludeDocProperties:=True, _
                IgnorePrintAreas:=False, _
                OpenAfterPublish:=False
        End With
    Next i
    ws.Range("C3").Value = 1

    MsgBox "모든 PDF 인쇄가 완료되었습니다.", vbInformation, "작업 완료"
End Sub
```

새로운 코드를 적용시키려면 다시 VBE창으로 이동해서 기존 코드를 지우고 새로운 코드를 입력하면 됩니다. 또는 기존 코드를 삭제하기 전에 2개의 코드를 모두 사용해보고 더 나은 것을 선택하는 것도 안전한 방법이므로 새로운 매크로로로 추가합니다.

기존 코드 아래에 커서를 놓고 복사한 새 코드를 [붙여 넣기] 합니다. 이전에 작업한 방법과 같이 새 모듈을 다시 삽입해서 [붙여 넣기] 해도 됩니다.

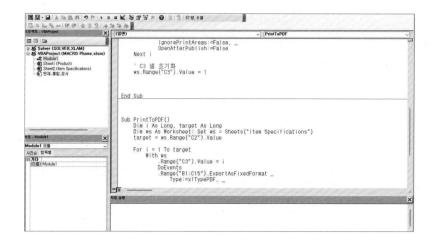

하단에 코드가 추가됩니다. 같은 이름의 매크로를 사용할 수는 없으므로 이름을 다르게 변경합니다. "PrintToPDF()" -〉 "인쇄매크로()"로 변경합니다.

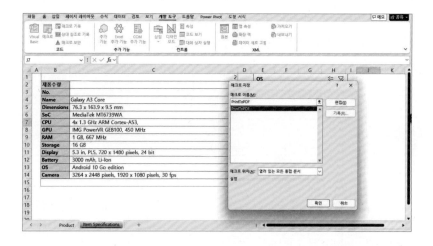

이전과 같은 방법으로 [개발도구-컨트롤-양식컨트롤-단추]를 삽입하고, 나타나는 "매크로 지정" 대화 상자에서 "인쇄매크로"를 클릭하고 [확인]을 누릅니다.

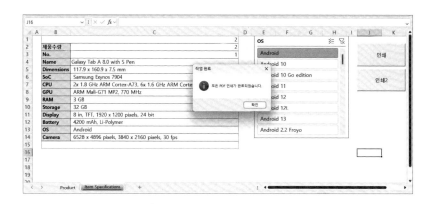

이름을 변경한 두 번째 단추를 눌러서 매크로를 실행시키면 PDF 파일 인쇄가 모두 끝난 후 "모든 PDF 인쇄가 완료되었습니다."라는 메시지 박스도 나타나면서 코드가 잘 실행되는 것을 확인할 수 있습니다. [확인] 단추를 눌러서 메시지 박스를 닫으면 두 번째 매크로 기능도 종료가 됩니다. 2개의 코드 모두 잘 작동되므로 둘 중 하나를 선택해서 사용합니다.

이쌤의 Tip

ChatGPT를 사용하면서 엑셀에서 매크로 코드를 작성하는 것은 전문가가 아니라도 짧은 시간에 약간의 노력으로 가능하게 되었습니다. 그러나 막상 실무에 사용해보면 오류가 생기거나 작동이 되지 않는 경우도 많습니다. 오류가 생긴다면 "이 오류를 분석해서 해결 방법을 찾아줘" 등과 같은 질문을 통해 작동 가능한 코드로 수정해나갈 수 있으므로 한두 번의 실패가 있더라도 좀 더 인내심을 가지고 코드를 작성해보기를 권합니다.

또한, 이 단원에서 소개한 내용과 같이 코드를 쉬운 말로 자세히 설명해달라는 요청을 통해 코드에 대한 지식을 학습하다 보면 점차 간단한 편집은 스스로 할 수 있을 만큼 매크로를 활용할 수 있게 될 거예요.

피벗 테이블로
일자별 판매현황 빠르게 분석하기

 실습예제: 판매현황_피벗테이블.xlsx

피벗 테이블은 매출 및 영업 실적 분석, 고객 데이터 분석, 인사 관리, 재고 관리, 발주 계획, 마케팅 성과 분석, 고객센터 문의 및 불만 접수 분석, 설문 조사 결과 분석 등 다양한 업무에서 데이터 요약과 분석을 위해 강력하면서도 유용한 도구입니다.

판매대장 데이터를 활용해 날짜별, 판매 시간대별, 가격대별, 결제 방법별 데이터를 빠르게 분석하기 위해 피벗 테이블을 적용해보겠습니다.

일자별 판매금액 분석하기

프롬프트	일자별 제품 판매금액을 분석하기 위한 피벗 테이블 작성하는 방법을 단계별로 설명해줘.
답변	엑셀에서 일자별 제품 판매금액을 분석하기 위한 피벗 테이블을 만드는 방법을 단계별로 설명할게요.
	1단계: 데이터 준비 2단계: 피벗 테이블 삽입 3단계: 피벗 테이블 필드 배치 4단계: 피벗 테이블 스타일 및 서식 조정

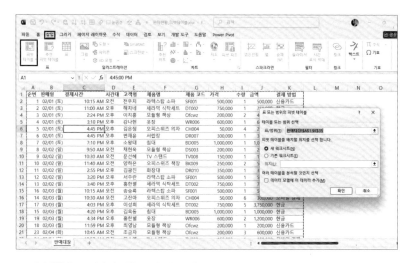

① 판매현황을 분석하기 위한 피벗 테이블을 작성하려면 먼저 데이터 범위를 선택합니다. 합계, 평균 등과 같은 계산된 값이 없는 일반 데이터라면, 임의의 셀을 선택한 상태에서 [삽입] 탭 → [표] → [피벗 테이블]을 클릭합니다.

② 피벗 테이블 창에서 '표/범위'를 확인한 후, '새 워크시트'를 선택하고 [확인]을 클릭하면 새 시트에 피벗 테이블이 생성됩니다. 만약 특정 위치를 직접 지정하려면, '기존 워크시트'를 선택한 후 위치 칸을 클릭하고, 피벗 테이블을 삽입할 셀을 지정합니다.

③ 새 워크시트의 왼쪽은 '피벗 테이블 레이아웃'이 있고, 오른쪽은 '피벗 테이블 필드 목록'이 있습니다.

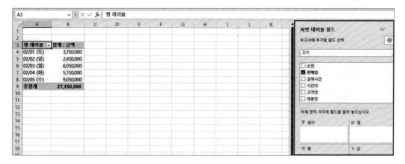

④ 피벗 테이블 필드 목록에서 다음과 같이 배치합니다(필드를 클릭하거나 마우스로 드래그).

　　· 행 필드: 판매일
　　· 값 필드: 금액

　　클릭 두 번만으로 날짜별 판매금액의 합계가 정리된 피벗 테이블을 확인할 수 있습니다.

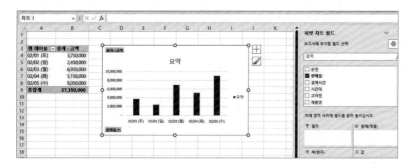

⑤ 이 피벗 테이블을 선택한 후 [Alt+F1] 단축키를 누르면, 피벗 테이블의 내용과 동기화되는 차트도 곧바로 만들 수 있습니다.

이쌤의 Tip

피벗 차트에서는 데이터의 유형에 따라 문자로 구성된 필드는 '행'으로, 숫자로 구성된 필드는 '값'으로 자동 배치됩니다. 값으로 지정된 열의 데이터는 자동으로 계산되며, 기본 계산 방법은 '합계'입니다. 날짜 데이터는 유형상 '숫자'이지만, 피벗 테이블에서는 주로 날짜를 확인하는 용도로 사용되므로, 계산을 위한 값이 아니라면 '문자'처럼 '행'으로 배치됩니다.

제품별 판매수량과 판매금액 합계 분석하기

이번에는 제품별로 판매수량과 판매금액의 합계를 분석해보겠습니다.

프롬프트	제품명으로 구분해 판매수량과 판매금액의 합계를 분석하는 피벗 테이블 작성 방법을 간단하게 설명해줘.
답변	엑셀의 피벗 테이블 필드 목록에서 다음과 같이 설정하세요. 행(Row) 필드: 제품명 값(Value) 필드 1: 판매수량 → 합계(SUM) 값(Value) 필드 2: 판매금액 → 합계(SUM)

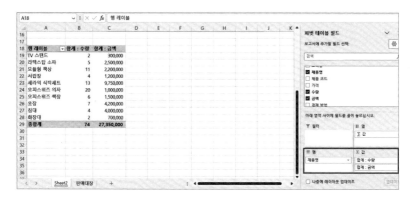

① 행 영역에 '제품명', 값 영역에 '수량'과 '금액'을 배치하면 제품명으로 구분해 판매수량과 판매금액의 합계를 분석할 수 있는 피벗 테이블이 생성됩니다.

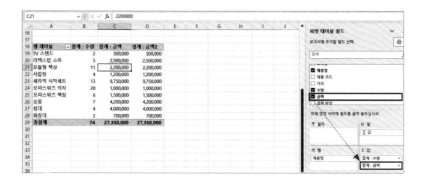

② 제품별 판매금액이 전체에서 차지하는 비율을 확인하려면 '금액'을 값 영역으로 드래그합니다. 같은 필드를 두 번 이상 사용하려면 드래그로 영역에 넣어줘야 합니다.

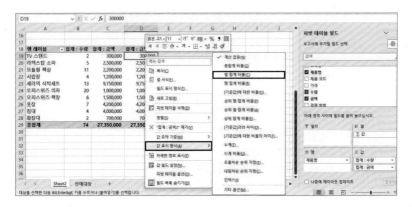

③ 두 번째 '금액' 필드에서 마우스 오른쪽 버튼을 클릭한 후, [값 표시 형식] → [열 합계 비율]을 선택합니다.

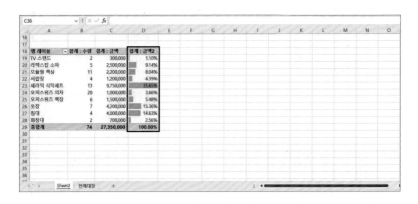

④ 전체 제품의 금액 합계에서 해당 제품의 금액이 차지하는 비율을 백분율로 확인할 수 있습니다. 여기에 [조건부 서식] → [데이터 막대]를 추가하면, 기간 동안 가장 매출이 큰 제품을 시각적으로 구분할 수 있습니다.

⑤ 가장 판매수량이 많은 오피스위즈 의자의 '수량' 또는 '금액' 부분합(같은 행에 있는 수치 데이터)을 더블 클릭합니다.

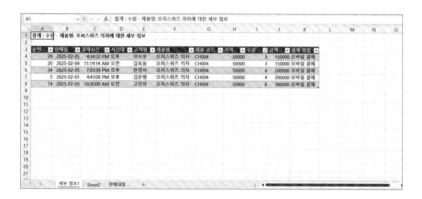

⑥ 판매했던 30개 수량에 대한 판매정보를 새로운 시트로 추출할 수 있습니다. 피벗 테이블에서 는 피벗 테이블에서 계산된 숫자를 더블클릭하면 해당 수치를 구성하는 원본 데이터 리스트를 새로운 시트에 추출할 수 있는 기능이 있는데, 데이터 필터링에도 유용하게 사용할 수 있는 기 능입니다.

직무 연수 만족도 설문조사 분석 보고서 작성하기

실습예제 : 직무연수만족도 설문조사.xlsx

직무 연수 교육의 만족도 설문 결과를 보다 효율적으로 분석하고 정리하기 위해 ChatGPT를 활용할 수 있습니다. 설문 답변지를 업로드한 후, ChatGPT를 이용해 만족도를 요약하고 분석하며, 시각화하는 과정을 ChatGPT로 진행해보겠습니다.

실습예제에는 5단계 척도로 구분된 응답이 포함되어 있으며, 파일 전체 또는 필요한 셀 범위를 ChatGPT에 업로드(또는 복사·붙여 넣기)한 후 프롬프트를 작성합니다. 이미 척도 정보가 포함된 상태이므로, 간단한 요약과 분석을 요청하면 빠르게 결과를 도출할 수 있습니다.

설문조사 요약 및 분석하기

프롬프트	이 직무연수 만족도 설문조사 결과를 요약 및 분석해줘.
답변	직무연수 만족도 설문조사 결과 요약 및 분석 **1. 문항별 평균 점수** 교육 목표 전달: 4.50 구성과 진행 방식: 4.60 강사 설명력: 4.70 강사 소통 능력: 4.65 각 항목별 평균 점수를 보면, 강사의 설명력(4.70)과 강사의 소통 능력

답변

(4.65)이 가장 높은 평가를 받았으며, 전체적으로 4.5 이상으로 높은 만족도를 보였습니다.

2. 만족도 분포

매우 만족 (5점): 79건

만족 (4점): 6건

보통 (3점): 13건

불만족 (2점): 2건

매우 불만족 (1점): 0건

전체적으로 만족도가 높은 편이며, "매우 만족" 응답이 79건으로 대다수를 차지하고 있습니다. 반면, 불만족(2점) 응답은 2건, 매우 불만족(1점)은 없었습니다.

3. 분석 및 시사점

전반적으로 교육에 대한 만족도가 매우 높은 것으로 분석됩니다.

교육 목표 전달(4.50)이 가장 낮은 점수를 보였으므로, 교육 목표를 좀 더 명확하게 전달하는 방안을 고민해볼 필요가 있습니다.

보통(3점) 및 불만족(2점) 응답자들의 의견을 추가적으로 수집하면 교육의 개선점을 더 구체적으로 파악할 수 있을 것입니다.

전반적으로 긍정적인 평가를 받은 교육이며, 소통과 설명력이 특히 우수한 것으로 보입니다. 다음 교육에서는 목표 전달력을 더 높이는 방식으로 개선하면 더욱 높은 만족도를 기대할 수 있을 것입니다.

분석결과 시각화하기

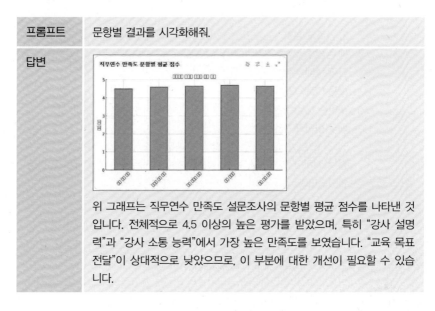

프롬프트	문항별 결과를 시각화해줘.
답변	위 그래프는 직무연수 만족도 설문조사의 문항별 평균 점수를 나타낸 것입니다. 전체적으로 4.5 이상의 높은 평가를 받았으며, 특히 "강사 설명력"과 "강사 소통 능력"에서 가장 높은 만족도를 보였습니다. "교육 목표 전달"이 상대적으로 낮았으므로, 이 부분에 대한 개선이 필요할 수 있습니다.

작성된 차트의 왼쪽 상단 첫 번째 메뉴에 마우스를 올리고 '인터랙티브 차트로 전환'을 클릭하면, 다음과 같이 변경됩니다. 마우스를 막대 위에 올리면 해당 영역의 값이 막대에 표시됩니다. 다시 첫 번째 메뉴에 마우스를 올리면 '정적 차트로 전환'이 됩니다.

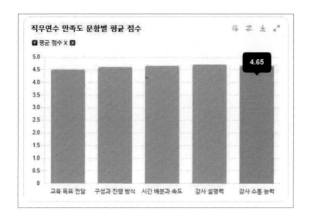

ChatGPT의 시각화자료 내부에서 한글이 깨질 때 해결방법

앞에서 실행한 시각화 단계 중 정적 차트에서는 한글이 깨져 글자를 알아보기 어렵습니다. 시각화 자료를 생성할 때 자주 발생하는 한글 깨짐 현상을 해결하려면 한국어 패치를 설치하면 됩니다. 다음 순서대로 작업해보세요.

한글 패치 다운로드 링크
https://bit.ly/vvv4kor

① https://pypi.org/project/koreanize-matplotlib/#files 페이지로 이동합니다.
② [koreanize_matplotlib-0.1.1-py3-none-any.whl] 파일을 다운로드합니다.
③ ChatGPT의 채팅창에 파일을 업로드한 후, 해당 라이브러리 설치를 지시합니다.

④ 한글 폰트가 적용되어, 깔끔하게 표시된 그래프 결과를 확인할 수 있습니다.

〈결과〉

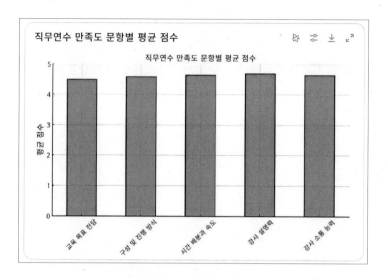

각 문항별 평균 점수를 한눈에 비교할 수 있으며, 전반적으로 높은 만족도를 보이고 있습니다. 특히 '강사 설명력'과 '강사 소통 능력'이 가장 높은 평가를 받았고, '교육 목표 전달'이 상대적으로 낮은 점수를 기록했습니다. 이를 바탕으로 교육 내용을 더욱 명확하게 전달할 수 있도록 개선점을 고려할 수 있습니다.

이쌤의 Tip

한글패치는 한글 지원이 필요한 새 채팅창마다 1번씩 업로드해서 사용합니다.

선형 회귀 분석으로 데이터를 이용해 미래 값 예측하기

 실습예제 : 최대전력량 예측.xlsx

일정 기간 누적된 데이터가 있다면, 데이터의 추세를 분석하고 예측할 수 있습니다. 이러한 기능은 매출 예측, 시장 동향 파악, 미래 재고 수요 예측, 주가 동향 분석 등에 활용할 수 있습니다.

과거 데이터로 미래의 값 예측하기

프롬프트	파일을 업로드한 후, 연도별 및 월별 데이터를 구분해 빈칸에 입력될 값을 예측하고 엑셀 파일로 작성해줘.
답변	예측된 데이터를 포함한 엑셀 파일을 생성했습니다. 아래 링크에서 다운로드할 수 있습니다. 최대전력량_예측결과.xlsx 다운로드

연도	1월	2월	3월	4월	5월	6월	7월	8월	9월	10월	11월	12월
2005	47379	46021	46421	43339	42371	44958	47443	47279	44485	43553	46863	51533
2006	49974	50536	48505	46339	44177	46558	47083	52611	46736	44316	48852	52071
2007	52635	50477	50391	47417	46429	49785	51237	55009	48333	48831	52458	54900
2008	57236	55752	52031	49233	48296	50567	56698	54473	51694	50197	51634	54511
2009	55944	55135	53185	50054	48891	53241	55835	56194	54840	50822	56378	61387
2010	63588	60211	58483	55034	52061	57693	61887	63356	57283	55271	59731	65736
2011	69165	63520	62182	57323	55592	59893	63897	63944	59368	57828	60392	66612
2012	66689	68102	63290	57832	57275	61947	65745	66748	59444	57400	63100	69267
2013	70541	66893	63018	60315	58211	62688	67212	68080	59517	60147	63887	69024
2014	69421	68346	64621	60480	59656	62792	68873	64257	61390	60616	63332	72785
2015	71533	68475	66488	61826	59491	64649	68341	69103	63130	61068	63772	70136
2016	73545	69910	66582	60977	61390	66208	71773	74996	64635	62347	66712	72279
2017	73183	73898	68249	61887	62302	67071	75838	74083	67696	61631	69196	76423
2018	78964	76149	68813	64055	64337	68127	79038	80710	66413	65070	68469	75613
2019	77943	72266	67921	65096	63716	66376	74481	77699	68403	64446	66970	73705
2020	72980	71955	65529	61320	59098	66800	68877	76952	67542	63088	67184	75851
2021	77620	72010	62268	63917	63388	68857	81158	77300	69327	67052	70028	78160
2022	79797	77278	71145	66096	66243	71805	82007	80375	70674	66443	68926	82176
2023	79463	76183	68151	64932	65016	70645	79213	82736	73483	65754	71252	76530
2024	79136	73263	70091	64465	64361	70480	80515	87799	78052	66907	67831	75537
2025	75680	77517	71697	69729.85	69575.89	75652.56	86151.12	88392.85	77445.57	71175.16	74547.97	83913.67

ChatGPT를 통해 E22~M22 셀에 예측된 결괏값이 입력되었습니다. 예측값을 구하는 과정에서 여러 작업이 이루어졌지만, 사용자는 잠시 기다리기만 하면 이처럼 미래값을 손쉽게 얻을 수 있습니다. 예측 과정이나 방법이 궁금하다면 추가 질문을 해주세요.

프롬프트	어떤 방법으로 이런 값을 예측했는지 설명해줘.
답변	**예측 방법 설명** 이번 예측에서는 선형 회귀(Linear Regression) 모델을 사용해 연도별 및 월별 데이터를 분석하고 빈칸(결측치)을 예측했습니다. **예측 모델 적용: 선형 회귀(Linear Regression)** 선형 회귀란? 과거 데이터의 패턴을 분석해 연속적인 값(숫자)을 예측하는 모델입니다. 예를 들어, 연도별 최대 전력량이 점진적으로 증가하는 경향이 있다면, 이를 학습해 미래 또는 누락된 데이터를 예측할 수 있습니다. **예측 과정** 결측치가 없는 데이터(완전한 데이터)를 학습 데이터로 사용 → '연도'를 입력(X 값), 특정 월의 전력량을 출력(Y 값)으로 설정 결측치가 있는 행을 찾아 예측 모델 적용 → 해당 월의 값이 비어 있는 경우, 학습된 모델을 사용해 예측값을 채움

결과 확인 및 저장

모든 월별 데이터에 대해 같은 방식으로 결측치를 채웠습니다.

최종 예측 결과를 엑셀 파일(.xlsx)로 저장해 제공했습니다.〈요약본〉

선형 회귀 분석법으로 미래의 값을 예측하는 함수식 작성하기

엑셀에는 선형 회귀 분석을 활용해 미래값을 예측할 수 있는 함수가 있습니다. 연도별 최대 전력량의 누적 데이터를 이용해 미래 데이터나 누락된 데이터를 예측하는 함수식 작성 방법을 알아볼까요?

프롬프트

B3~M3셀은 1~12월이 입력되어 있고, A4~A24셀에 2005~2024연도가 입력되어 있음. 각 셀에는 연도별, 월별 최대전력량이 입력되어 있을 때 E24셀에 입력된 값을 예측할 수 있는 함수식을 작성해줘.

이 함수식을 M24셀까지 자동 채우기 할 수 있도록 상대/절대 주소 방식도 정확하게 적용해줘.

답변

E24셀에 입력된 값을 예측하는 선형 회귀(Linear Regression) 기반의 예측 함수식을 작성해드리겠습니다.

이 함수식은 엑셀의 TREND 함수를 사용해 자동으로 예측값을 계산하도록 설정됩니다.

함수식 (E24 셀에 입력) : =TREND(E4:E23, $A4:$A23, $A24)

〈중략〉

E24 셀에 "=TREND(E4:E23, $A4:$A23, $A24)" 함수식을 입력하면 예측된 결과가 표시됩니다. 이후, 오른쪽 방향으로 자동 채우기를 하면 나머지 빈칸에도 예측값이 입력됩니다.

| E24 | | | | fx | =TREND(E4:E23, $A4:$A23, $A24) | | | | | | | |

	A	B	C	D	E	F	G	H	I	J	K	L	M
1	Home 전력수급 월별평균 최대전력량												
3	연도	1월	2월	3월	4월	5월	6월	7월	8월	9월	10월	11월	12월
4	2005	47,379	46,021	46,421	43,339	42,371	44,958	47,443	47,279	44,485	43,553	46,863	51,533
5	2006	49,974	50,536	48,505	46,339	44,177	46,558	47,083	52,611	46,736	44,316	48,852	52,071
6	2007	52,635	50,477	50,391	47,417	46,429	49,785	51,237	55,009	48,333	48,831	52,458	54,900
7	2008	57,236	55,752	52,031	49,233	48,296	50,567	56,698	56,473	51,694	50,197	51,634	54,511
8	2009	55,944	55,135	53,185	50,054	48,891	53,241	55,835	56,194	54,840	50,822	56,378	61,387
9	2010	63,588	60,211	58,483	55,034	52,061	57,693	61,887	63,356	57,283	55,271	59,731	65,736
10	2011	69,165	63,520	62,182	57,323	55,592	59,893	63,897	63,944	59,368	57,828	60,392	66,612
11	2012	66,689	68,102	63,290	57,832	57,275	61,947	65,745	66,748	59,444	57,400	63,100	69,267
12	2013	70,541	66,893	63,018	60,315	58,211	62,688	67,212	68,080	59,517	60,147	63,887	69,024
13	2014	69,421	68,346	64,621	60,480	59,656	62,792	68,873	64,257	61,390	60,616	63,332	72,785
14	2015	71,533	68,475	66,488	61,826	59,491	64,649	69,103	63,130	61,068	63,772	70,136	
15	2016	73,545	69,910	66,582	60,977	61,390	66,208	71,773	74,996	64,635	62,347	66,712	72,279
16	2017	73,183	73,896	68,249	61,887	62,302	67,071	75,838	74,083	67,696	61,631	69,196	76,423
17	2018	78,964	76,149	68,813	64,055	64,337	68,127	79,038	80,710	66,413	65,070	68,469	75,613
18	2019	77,943	72,266	67,921	65,096	63,716	66,376	74,481	77,699	68,403	64,446	66,970	73,705
19	2020	72,980	71,955	65,529	61,320	59,098	66,800	68,877	76,952	67,542	63,088	67,184	75,851
20	2021	77,620	72,010	67,268	63,917	63,388	68,857	81,158	77,300	69,327	67,052	70,028	78,180
21	2022	79,797	77,278	71,145	66,096	66,243	71,805	82,007	80,375	70,674	66,443	68,926	82,176
22	2023	79,463	76,183	68,151	64,932	65,016	70,645	79,213	82,736	73,483	65,754	71,252	76,530
23	2024	79,136	73,263	70,091	64,455	64,361	70,480	80,515	87,799	78,052	66,907	67,831	75,537
24	2025	75,680	77,517	71,694	69,730	69,576	75,653	86,151	88,393	77,446	71,175	74,548	63,914

단 하나의 예측값을 계산할 경우, 절대 주소를 사용할 필요는 없습니다. 그러나 예측값이 연속적인 범위의 여러 데이터로 구성될 경우, 예측의 기준이 되는 과거 연도와 현재 연도의 열 범위만 고정하는 혼합 주소 방식을 사용해야 합니다.

이쌤의 Tip

함수를 활용하여 예측값을 구하는 방법 외에 매우 간단하게 예측하는 방법도 있습니다. 예측에 활용할 데이터 범위를 선택한 후 마우스 오른쪽 단추를 누르면서 자동채우기를 한 후 자동채우기 옵션 메뉴에서 [선형 추세 반영]을 누르면 예측값을 구할 수 있습니다.

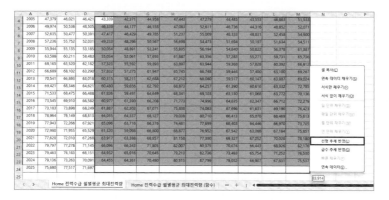

과거 데이터를 바탕으로 미래값을 예측해야 할 경우, TREND 함수는 간단하고 빠른 예측 도구로 유용합니다. 다만, 정확도에는 한계가 있으며, 복잡한 패턴이나 급격한 변화를 포함한 데이터에는 적합하지 않습니다. 따라서 단순한 패턴의 데이터에 적용하거나 사전 분석 도구로 활용하는 것이 바람직합니다.

마이크로소프트 Copilot으로
엑셀 작업하기

 실습예제: Copilot준비.xlsx

Copilot(**코파일럿**)은 마이크로소프트에서 제공하는 AI 기반 업무 도구입니다. 현재 업무 상황에 맞는 아이디어를 제시하고, AI를 이용하기 위해 다른 창으로 이동할 필요 없이 작업하던 엑셀(Word, Powerpoint, Outlook 등) 내에서 자동으로 지원받을 수 있습니다. 편리성이 높고, 사용자의 데이터를 수집하지 않는 방식이어서, 업무 데이터의 보안을 유지할 수 있는 장점이 있습니다.

Copilot의 사용은 일반 사용자일 때 매월 15 크레딧을 무료로 사용할 수 있고, 마이크로소프트 365 구독자는 매월 60 AI 크레딧을 사용할 수 있습니다. 이 크레딧은 프롬프트를 사용할 때마다 차감되며, 매월 1일에 재설정됩니다. 사용하지 않은 크레딧은 다음 달로 이월되지 않고 모두 사라집니다. 더 많은 AI를 사용하려면 'Copilot Pro(**코파일럿 프로**)'를 구독합니다.

엑셀의 Copilot은 일반 파일에서 작동하지 않으므로, 파일이 원드라이브 (OneDrive)에 저장되도록 '자동 저장'을 활성화해야 Copilot을 사용할 수 있는 환경이 됩니다. Copilot을 사용하기 전에 빠른 실행 도구 모음에서 [자동 저장]을 [켬]하고, [OneDrive] 클릭-이름 입력 후 [확인]을 누른 다음, [홈 탭]-[Copilot]을 누르면, 엑셀 시트의 오른쪽에 Copilot 작업창이 열립니다.

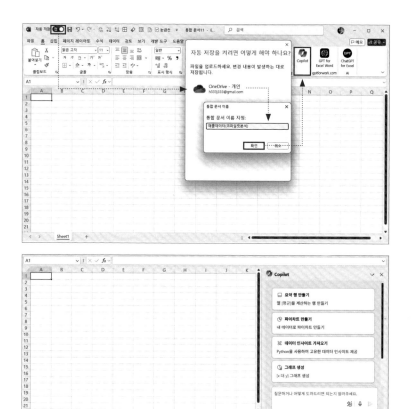

Copilot 작업창에 보이는 프롬프트를 바로 누르거나, 직접 프롬프트를 입력하는
방법으로 엑셀 Copilot을 시작할 수 있습니다.

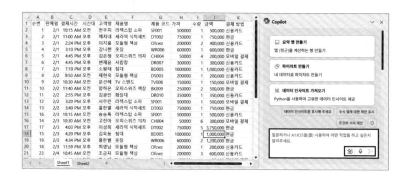

시트에 데이터가 있으면 데이터의 범위를 파악하고 다음 할 일에 대한 아이디어를 제시합니다. Ai를 사용하기 위해 데이터를 업로드하거나, 붙여 넣기 할 필요가 없는 구조입니다. 또한 Copilot 작업창 하단의 마이크 아이콘을 누르면 프롬프트를 직접 쓰지 않고, 말로도 업무를 수행할 수 있습니다.

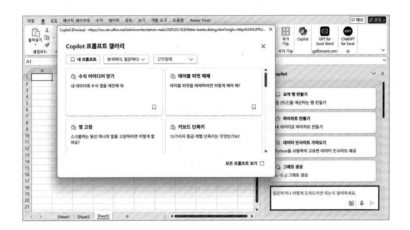

프롬프트 입력란의 하단에 보이는 [프롬프트 보기]아이콘을 누르면 Copilot을 활용할 수 있는 다양한 프롬프트를 볼 수 있고, 하단의 [모든 프롬프트 보기]를 누르면, Copilot의 광범위한 활용 방법에 대한 예시 프롬프트를 확인할 수 있습니다.

엑셀 뿐만아니라, Copilot을 활용할 수 있는 분야의 프롬프트 갤러리에서 평소에 작업하지 않았던 내용의 프롬프트 아이디어를 얻을 수 있는 곳입니다.

Copilot을 활용해서 업무 데이터를 분석하려면 'OneDrive' 또는 SharePoint에 파일을 저장하고, Copilot 메뉴를 눌러 작업창을 열어놓고 시작합니다. 작업창에 작성되어 있는 프롬프트를 사용하려면 바로 클릭을 하고, 직접 프롬프트를 입력해도 됩니다.

Copilot으로 새로운 열 삽입하고
자동 수식 작성하기

실습예제: 매출분석.xlsx

Copilot은 데이터를 별도로 붙여 넣거나, 업로드하지 않고 바로 업무에 AI를 활용합니다.

Copilot을 제대로 활용하기 위해 데이터셋을 '표'로 설정합니다. 왼쪽의 매출 데이터 중 한 셀을 선택하고 [홈 탭]-[스타일]-[표 서식]에서 적당한 스타일을 선택합니다.

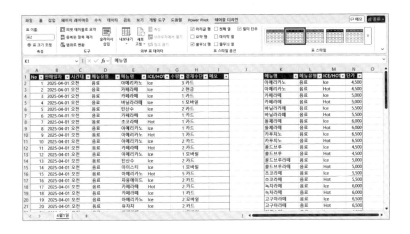

오른쪽의 메뉴-단가표로 '표 서식'을 설정해놓고, 파일을 OneDrive의 위치에 '자동 저장' 파일로 저장 후 [홈 탭] - [Copilot] 메뉴를 눌러 Copilot 활용을 준비합니다.

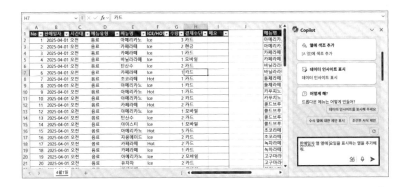

Copilot 작업창에서 프롬프트를 입력합니다. 필요한 프롬프트가 보이면 바로 클릭해도 됩니다.

프롬프트   판매일자 열 옆에 요일을 표시하는 셀을 추가해줘.

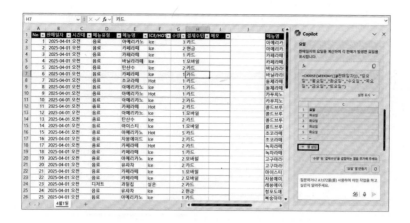

작업창에 판매일자의 요일을 계산하는 수식이 작성되고, 수식이 적용된 형태가 표시됩니다. 이 결과를 적용하려면 [+ 열 삽입]을 클릭합니다.

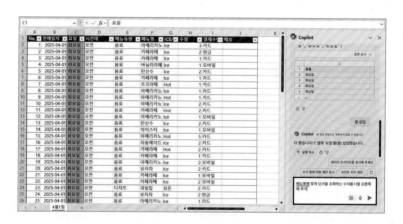

Copilot을 통해 요일을 표시하는 열이 추가됩니다. 이번에는 메뉴명에 해당되는 단가를 조회하는 수식을 추가하기 위한 프롬프트를 작성합니다.

프롬프트	메뉴명에 맞게 단가를 조회하는 수식을 H열 오른쪽에 추가

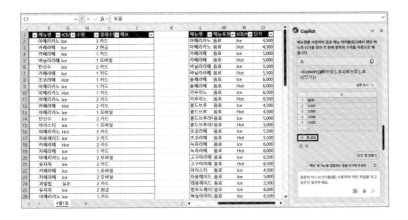

단가를 조회하는 XLOOKUP함수식이 작성되고, [+ 열 삽입]을 누르면 표에 단가 조회 계산식 열이 추가됩니다.

하위 버전에서도 사용가능한 수식으로 변경하기 위해 VLOOKUP함수식의 변경도 손쉽게 요청할 수 있습니다.

프롬프트	단가 열의 수식을 VLOOKUP함수로 변환해줘.

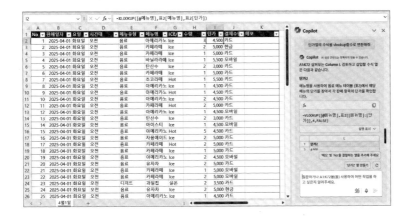

수식을 만든 후 사용하려면 [+ 열 삽입]을 누르고, 필요 없으면 그대로 두고 다음 작업을 진행합니다. J열에 '판매금액'을 입력하기 위한 열을 미리 추가하고, 이곳에 들어갈 수식을 프롬프트로 작성합니다.

프롬프트	수량과 단가를 이용해서 판매금액 열을 계산해줘.

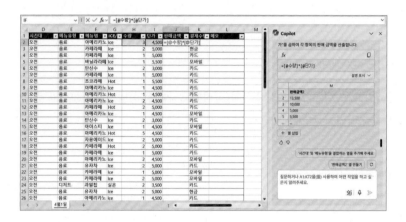

Copilot으로 작성한 수식을 복사해서 '판매금액' 열의 첫 번째 셀에 수식을 입력하고 엔터를 누르면 열 전체가 수식으로 채워집니다.

매출 현황이 정리되었다면 매출 분석 작업으로 이어갑니다. 작업창에 제안된 프롬프트를 참고해서 매출 분석을 요청합니다.

프롬프트	매출 데이터의 인사이트 표시

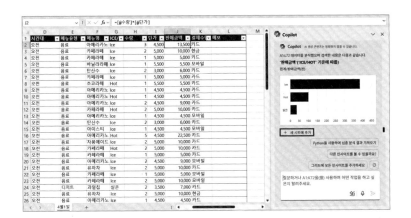

Copilot 작업창에 판매금액 'ICE/HOT' 기준에 따라 시각화한 자료가 보입니다. 이 자료를 사용하려면 [+ 새 시트에 추가]를 누릅니다.

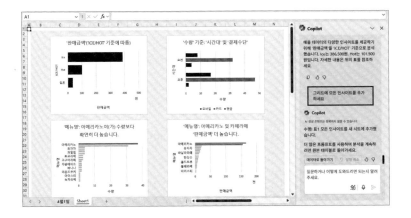

데이터를 분석하는 과정으로 들어가면 '그리드에 모든 인사이트를 추가하세요'라는 프롬프트가 보입니다. 클릭하면 바로 새로운 시트에 주제별 시각화 자료를 볼 수 있습니다. 시트의 하단에는 피벗 테이블이 있습니다. 이 자료를 통해 더 많은 분석 내용을 찾아보기 위해 새로운 프롬프트를 입력합니다.

프롬프트	이 자료를 상세하게 분석해서 매출에 도움되는 조언을 해줘.
답변	매출 데이터를 상세하게 분석하기 위해 몇 가지 단계를 거쳐야 합니다. 다음은 매출에 도움되는 인사이트를 얻기 위한 단계입니다: 총매출 계산: 모든 판매 항목의 총매출을 계산합니다. 메뉴별 매출 분석: 각 메뉴별 매출을 분석해서 어떤 메뉴가 가장 많이 팔렸는지 확인합니다. ICE/HOT별 매출 분석: ICE와 HOT 음료의 매출을 비교해서 어떤 유형이 더 많이 팔렸는지 확인합니다. 월별 매출 분석: 월별 매출을 분석해서 매출이 높은 달과 낮은 달을 확인합니다. 고객별 매출 분석: 고객별 매출을 분석해서 주요 고객을 파악합니다. 총매출 계산 모든 판매 항목의 총매출을 계산하기 위해 다음 수식을 사용할 수 있습니다: =SUM(J2:J72) **메뉴별 매출 분석** 각 메뉴별 매출을 분석하기 위해 피벗 테이블을 생성합니다. 행: 메뉴명 값: 판매금액 (합계) **ICE/HOT별 매출 분석** ICE와 HOT 음료의 매출을 비교하기 위해 피벗 테이블을 생성합니다. 행: ICE/HOT 값: 판매금액 (합계) **월별 매출 분석** 월별 매출을 분석하기 위해 판매 날짜를 기준으로 피벗 테이블을 생성합니다. 행: 판매 날짜 (월별 그룹화)

답변	값: 판매금액 (합계)

고객별 매출 분석
고객별 매출을 분석하기 위해 피벗 테이블을 생성합니다.
행: 고객명
값: 판매금액 (합계)

이 단계를 통해 매출 데이터를 상세하게 분석하고, 매출에 도움되는 인사이트를 얻을 수 있습니다.

Copilot의 분석 기능은 주로 어떤 방법으로 데이터의 인사이트를 얻을 수 있는지 방법을 제안하는 경우가 많습니다.

Copilot으로
매출 데이터 자동 분석하기

 실습예제: 매출분석(Copilot).xlsx

한 달간의 매출 데이터를 이용해서 매출 현황을 파악하는 시각화 보고서를
Copilot을 이용해서 쉽고 빠르게 작성하려고 합니다.

분석할 데이터를 자동 저장이 되도록 한 후 간단한 프롬프트를 작성합니다.

프롬프트	일자별 피벗 테이블 작성

일자별로 매출 합계 금액을 정리한 자료가 작업창에 제시됩니다. 시트에 추가하려면 [새 시트에 추가]를 누릅니다.

원본 시트 옆에 새로운 시트로 피벗 테이블이 작성되어 일자별 매출을 확인할 수 있습니다.

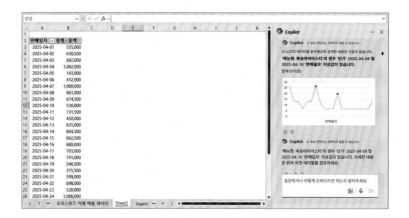

Copilot 작업창에 보이는 "내 데이터에 이상값이 있나요?"라는 프롬프트를 클릭하면 특이한 점이 보이는 데이터를 찾아냅니다. 이 데이터에서는 평소보다 매출이 훨씬 높거나 낮은 데이터를 찾아서 보여줍니다.

프롬프트	오전/오후, 평일/주말 매출 데이터의 특징이 있는지 찾아봐.

프롬프트의 답변으로 평일/주말을 포함한 오전/오후의 매출 금액 비교 결과를 시각화해서 보여줍니다.

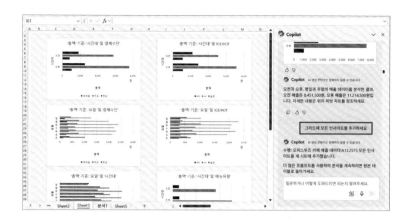

제시된 프롬프트 "그리드에 모든 인사이트를 추가하세요"를 누르면 새 시트에 다양한 관점으로 구성한 피벗 테이블과 피벗 차트를 작성해서 보여줍니다. 이렇게 시각화한 자료 안에서 의미 있는 차이점이나 공통점을 찾는 것은 데이터 분석의 중요한 과정이면서 동시에 결과가 될 수 있습니다.

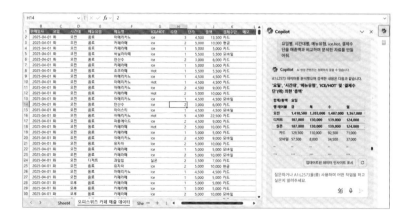

더 구체적으로 보고 싶은 내용을 프롬프트로 작성합니다.

프롬프트	요일별, 시간대별, 메뉴 유형, ice, hot, 결제수단을 총액과 비교해서 분석한 자료를 만들어줘.

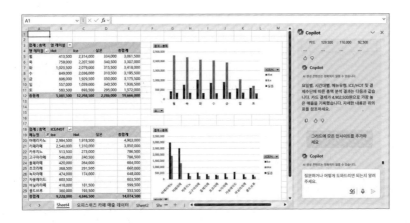

구체적인 질문을 통해 좀 더 알아보고 싶은 환경에서 데이터를 분석할 자료를 만들었습니다.

이 매장에서 가장 매출이 높은 품목은 아메리카노와 카페라떼이고, Hot음료보다는 Ice음료의 주문이 높습니다. 날씨가 덥지 않은 4월에 Ice음료의 주문이 이 정도라면 온도가 더 올라가는 5월의 Ice음료 수요는 더 높을 것으로 예상할 수 있습니다. 요일 중에서는 월요일에 Ice음료의 매출이 특히 높았고, 주로 평일의 매출이 높습니다. 일주일 중 매출이 가장 높은 요일은 화요일인 것을 볼 수 있습니다.

엑셀 데이터만으로
현황 분석 보고서 작성하기

실습예제: 전력시장통계(신재생에너지).pdf

생성형 AI가 우리의 시간을 줄이고, 업무 효율을 높여줄 수 있는 방법 중 단연 손꼽히는 기능은 내용을 요약하고, 분석하는 기능이라고 할 수 있습니다. 데이터를 표 형태 자체로 업로드하거나 붙여 넣기 한 후 "분석"을 요청하거나, "시각화"를 요청하면 다양한 분석 관점에 따라 분석 의견을 자동 작성하고, 주요 수치에 대한 해석 및 시사점, 결론 및 제언까지 기술하는 보고서를 작성할 수 있습니다.

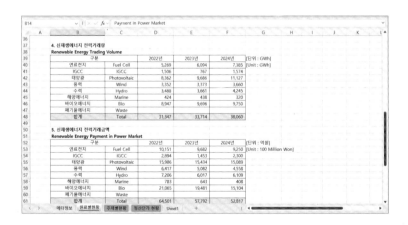

엑셀 파일로 정리한 데이터를 ChatGPT를 통해 현황보고서를 만들어볼까요? 데이터를 복사해서 ChatGPT 채팅창에 붙여 넣기 하거나, 엑셀 파일 또는 PDF 파일을 업로드해서 분석을 요청합니다. 데이터의 양이 많거나 데이터의 구조가 단조롭지 않다면 엑셀보다는 PDF 파일로 업로드할 때 인식률이 더 좋습니다.

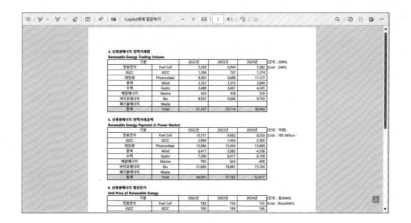

이 데이터는 시트도 여러 개이고, 한 시트당 표도 다수이므로, 분석할 범위를 정확하게 구분한 후 PDF 파일로 저장합니다. 3가지 주제로 3년간의 데이터를 정리한 자료의 분석을 요청합니다. 이때 시각화 자료까지 작성하려면 한글의 정상적인 표기를 위해 한글 폰트 자동 변환 파일을 함께 업로드합니다. (**다운로드 위치:** https://bit.ly/vvv4kor)

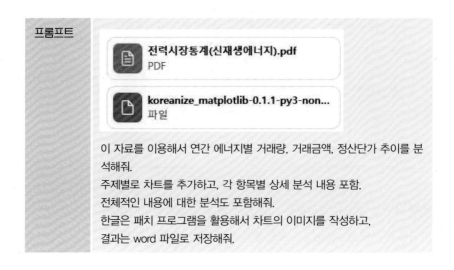

답변	아래의 Word 문서에는 신재생에너지의 연간 전력 거래량, 거래금액, 정산 단가 추이에 대한 차트와 함께 상세 분석이 포함되어 있습니다. 종합적인 시장 해석도 포함되어 있어 활용하기 좋습니다.

신재생에너지_전력시장_분석보고서.docx

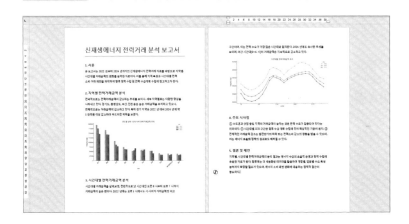

프롬프트	내용을 더 자세하게. 이 문서는 2장인데, 4장 분량으로. "합니다."체로 작성.
답변	완성된 4장 분량의 상세 분석 보고서를 아래에서 다운로드하실 수 있습니다. 내용 확장과 함께 시각자료 및 정책 제언이 포함되어 있어 활용성과 완성도를 높였습니다.

상세_전력거래_분석보고서.docx

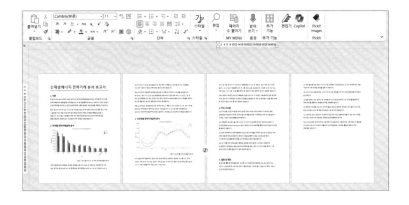

작성된 문서는 곧바로 사용하기보다는 내용을 확인하고, 목적과 용도에 따라 추가, 수정해서 완성도 높은 문서로 작성합니다.

발표용 PPT를 작성해야 하는 경우에는 이렇게 작성한 문서를 ChatGPT를 통해 PPT용으로 변환해서 시각화 AI를 통해 자동으로 PPT 문서 변환을 함으로써 문서를 작성하는 데 필요한 시간을 줄일 수 있습니다.

GAMMA로 PPT 보고서 만들기

엑셀 데이터를 Word 문서로 작성한 후 이 책의 1장에서 소개된 Gamma를 이용해 곧바로 발표용 PPT 문서로 작성하는 과정입니다.

감마사이트(https://gamma.app/)로 이동한 후 [새로 만들기] – [파일 또는 URL 가져오기]를 선택 후 Word 문서를 업로드합니다.

① '프레젠테이션'을 선택 후 [계속]을 누릅니다.

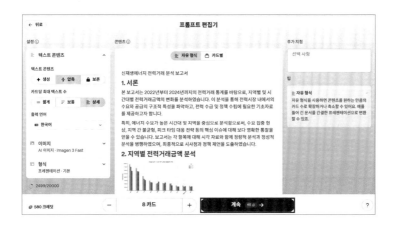

② 업로드한 문서를 인식하고, 내용을 슬라이드에 맞게 구성합니다. [계속]을 누릅니다. 필요한 경우 '설정'이나 '추가 지침'을 통해 내용이나 구성 등을 변경할 수 있습니다.

③ 테마를 선택하고, [생성]을 누릅니다.

④ 내용 정리, 디자인, 이미지 삽입까지 자동으로 이루어진 결과를 확인할 수 있습니다. 내용을 확인하고, 변경할 부분이 있으면 수정합니다.

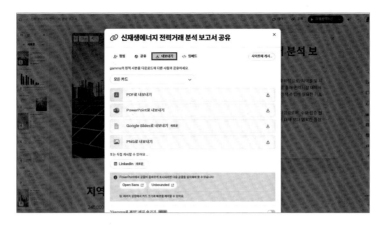

⑤ 작성한 문서는 상단의 [공유]–[내보내기]–[PowerPoint로 내보내기] 메뉴를 눌러서 다운로드 받을 수 있습니다.

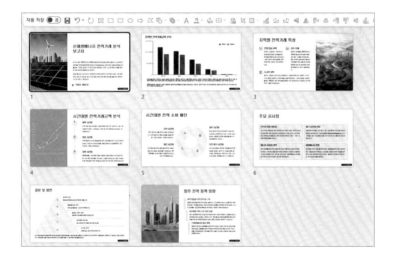

⑥ 다운로드한 자료를 열어 보면 파워포인트 문서가 작성되어 있는 형태를 확인할 수 있습니다. 추가 편집을 통해 문서를 완전하게 다듬은 후 사용합니다.

이쌤의 Tip

Gamma를 통해 다운로드 받은 문서는 폰트가 한글 환경과 잘 맞지 않아서 작성 과정에서 보이는 것과 다른 글꼴로 보여집니다. 이 문서를 사용하려면 글꼴을 수정하는 과정이 필요합니다. 파워포인트 문서에서 글꼴을 바꿀 때는 바꾸고 싶은 글꼴이 사용된 글자를 클릭한 후 [홈 탭]–[편집]–[글꼴 바꾸기]에서 "새 글꼴"을 설정하면 이 파일에서 사용된 해당 글꼴이 한 번에 새 글꼴로 변환이 되어 빠른 편집이 가능합니다.

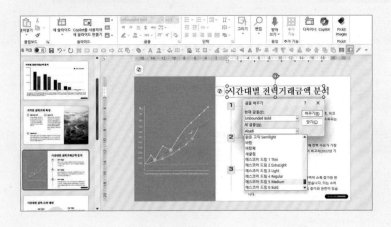

엑셀 업무를 더 빠르고 정확하게 처리하고 싶다면, 더 이상 혼자 고민할 필요는 없습니다. ChatGPT라는 똑똑한 조력자와 함께라면 반복적인 작업을 줄이고, 더 효율적인 방법을 빠르게 찾아낼 수 있습니다.

이 책에서는 엑셀 업무에 특화된 질문법과 실전 활용 팁을 통해 ChatGPT를 효과적으로 활용하는 방법을 소개했습니다. 제시한 방법과 엑셀의 팁을 통해 여러분의 업무 생산성은 한층 더 향상될 것입니다.

《회사에서 바로 쓰는 AI 치트키》 실습자료 다운로드 안내

책에서 소개한 다양한 실습예제와 프롬프트를 직접 따라 해보세요!
아래 링크 또는 QR코드를 통해 실습자료를 다운로드하실 수 있습니다.

 실습자료 다운로드 링크
https://naver.me/FdocIw5G

회사에서 바로 쓰는
AI 치트키

제1판 1쇄 발행   2025년 6월 1일

지은이	이혜정·윤재현·엄혜경
발행처	애드앤미디어
발행인	엄혜경
등록	2019년 1월 21일 제 2019-000008호
주소	서울특별시 영등포구 도영로 80, 101동 2층 205-50호
	(도림동, 대우미래사랑)
홈페이지	www.addand.kr
이메일	addandm@naver.com
기획편집	애드앤미디어
디자인	얼앤똘비악 www.earlntolbiac.com

ISBN   979-11-93856-10-9 (03000)

愆 애드앤미디어는 당신의 지식에 하나를 더해 드립니다.